安庆师范大学学术著作出版基金资助

中国经验
优秀运动员商业行为法律治理

王　飞◎著

光明日报出版社

图书在版编目（CIP）数据

优秀运动员商业行为法律治理 / 王飞著 . -- 北京：
光明日报出版社，2024.10. -- ISBN 978 - 7 - 5194 - 8229
- 9

Ⅰ. D922.294.5

中国国家版本馆 CIP 数据核字第 2024AX3574 号

优秀运动员商业行为法律治理

YOUXIU YUNDONGYUAN SHANGYE XINGWEI FALÜ ZHILI

著　　者：王　飞		
责任编辑：刘兴华	责任校对：宋　悦　乔宇佳	
封面设计：中联华文	责任印制：曹　净	

出版发行：光明日报出版社

地　　址：北京市西城区永安路 106 号，100050

电　　话：010-63169890（咨询），010-63131930（邮购）

传　　真：010-63131930

网　　址：http://book.gmw.cn

E - mail：gmrbcbs@gmw.cn

法律顾问：北京市兰台律师事务所龚柳方律师

印　　刷：三河市华东印刷有限公司

装　　订：三河市华东印刷有限公司

本书如有破损、缺页、装订错误，请与本社联系调换，电话：010-63131930

开　　本：170mm×240mm

字　　数：181 千字　　　　　印　　张：15

版　　次：2025 年 3 月第 1 版　　印　　次：2025 年 3 月第 1 次印刷

书　　号：ISBN 978 - 7 - 5194 - 8229 - 9

定　　价：95.00 元

前　言

　　优秀运动员商业行为拥有广泛的社会影响力，是推动竞技体育产业化发展的支柱力量。研究基于我国加快体育产业发展、推进体育强国建设、实施依法治体方略的宏观背景，以人力资本产权理论、利益衡量理论、善治理论为基础，选取运动员商业行为中具有典型性的商业赞助和广告代言作为事实素材，运用文献资料法、逻辑分析法、法律解释法、比较分析法和案例分析法，系统阐释我国优秀运动员商业行为治理的法理基础、现实问题以及完善路径。

　　研究总体呈现"总—分"式结构，主要内容包括我国优秀运动员商业行为的治理、优秀运动员商业赞助的法律治理、优秀运动员广告代言的法律治理、国外优秀运动员商业行为治理的经验与比较和我国优秀运动员商业行为法律治理的完善路径。

　　研究的主要结论与建议如下：

　　一是我国优秀运动员商业行为的治理。优秀运动员商业行为的法学概念是法人、非法人组织、自然人以营利为目的利用运动员个人形象和社会影响力而实施具有经营性质的法律行为。将优秀运动员商业行为性质定位于运动员发展权，具有主体的广泛性、运动员形象的载体性、目的的营利性、固有的风险性特征。我国优秀运动员商业行为治理的进程分为初步探索、加速推进、协调发展、多元治理四个阶段；治理的内容包括商业赞助、广告代言、跨界娱乐、网络直播和投资经商；治理的现实困境体现在运动员法律主体地位模糊、运动员商业行为管理存在缺陷、不同利益主体间存在冲突三方面。

二是我国优秀运动员商业赞助的法律治理。优秀运动员商业赞助性质是运动员与赞助商之间的双务、有偿行为，具有整合性、长期性、人文性和风险性的特征。实践中，优秀运动员个人赞助合同易与体育团体赞助合同、体育赛事赞助合同、职业体育联盟赞助合同产生冲突，归因于利益主体的多元性、体育赛事资源的有限性以及赞助合同内容的排他性。

三是我国优秀运动员广告代言的法律治理。优秀运动员广告代言性质是运动员独立人格下的荐证行为，呈现一专多能性、代言受限性以及收入分割性的特征。实践中，优秀运动员广告代言存在违法代言、违规代言和虚假代言三大问题，归因于优秀运动员广告立法规定的缺陷、市场执法力度的不足、司法认定的模糊、利益主体守法意识的淡薄。

四是国外优秀运动员商业行为治理的经验及比较。英美优秀运动员商业行为涉域广泛、内容丰富，呈现出媒体对运动员形象的积极宣传，与企业的合作关系，奥委会的大力支持，商业行为的自由程度以及规范管理的特点。从国外与国内优秀运动员商业行为管理比较来看，国外分权型体育管理体制下运动员私权能够得到充分尊重与保障，有力促进了优秀运动员商业行为的发展，有利于实现各方主体之间的利益平衡。国外优秀运动员商业赞助治理经验的启示是各级体育组织尊重和认可运动员的商事人格权，双方遵循合同意思自治，运动员商业赞助权利能够得到有力保障。国外优秀运动员广告代言治理经验的启示是优秀运动员的自律、广告行业协会作用的发挥、广告预审机制的落实、消费者的理性消费、刑事责任的适用、新媒体下广告代言的规制。

五是我国优秀运动员商业行为法律治理的完善路径。首先，优秀运动员商业行为法律主体利益保障的路径。立法上，重点优化民商法相关法律规定；执法上，借鉴法治国家的比例原则，规范体育行政与市场执法；司法上，提供多元体育纠纷解决机制；守法上，各方主体亟须增强法治观念、提高法律素养。其次，优秀运动员商业行为制度落实的路径。包括拓展与深化运动员培养机制、实施法人治理与市场化管理、建立体育经纪制度、细化商业体育合同制度、依法成立运动员工会组织。再次，优秀运动员商业赞助法律治理的路径。运动员个人赞助与体育团体赞助合同冲突的解决路径为：体育团体赞助合同对运动员不产生约束力，团体合同当事人先承担违约责任，再追究运动员的内部责任。运动员个人赞助与体育赛事、职业体育联盟赞助合同冲突的解决路径为：主要从赞助合同的预防策略和运动员受处罚后的救济途径进行处理。同时，注意不可抗力条款、情势变更原则、道德条款和排他条款在优秀运动员赞助合同中的适用。最后，优秀运动员广告代言法律治理的路径。围绕广告代言"事前审查—事中监管—事后追责"的治理思路，强化优秀运动员广告预审机制、严格优秀运动员广告执法与监督、明晰与落实优秀运动员广告代言责任、推进消费者公益诉讼制度。

目 录
CONTENTS

第一章

绪　论

第一节　研究缘起

一、选题依据

2014 年 10 月，国务院《关于加快发展体育产业促进体育消费的若干意见》指出，"支持运动员职业化发展""加强体育品牌建设""提升无形资产创造、运用、保护和管理水平"[1]。2016 年 5 月，国家体育总局发布的《体育产业"十三五"规划》明确提出，积极推进职业体育发展，努力培育和打造一批具有国际影响力的职业体育明星。[2] 为规范国家队运动员、教练员参加商业活动广告代言以及经商办企业等行为，2019 年 8 月，国家体育总局下发《关于进一步规范商业开发活动的意见》的通知，提及"提高运动员、教练员个人商业开发收入分配比例。在不影响训练的前提下，经单位同意，可以自行或聘请经纪机

---

[1]　国务院 . 关于加快发展体育产业 促进体育消费的若干意见［Z］. 2014.
[2]　国家体育总局 . 体育产业"十三五"规划［Z］. 2016.

构、经纪人，以个人名义从事商业开发行为"①。2019 年 9 月，国务院办公厅印发《体育强国建设纲要》，首次从国家政策层面促进体育产业成为国民经济支柱性产业。体育产业的龙头是体育竞赛表演业，而体育竞赛表演的焦点无疑属于优秀运动员。② 2019 年 9 月，《国务院办公厅关于促进全民健身和体育消费 推动体育产业高质量发展的意见》第二十二条"推动体育赛事职业化"中提到，发展体育经纪人队伍，挖掘优秀运动员市场价值。如何将我国举国体制下培养出来的世界冠军、奥运冠军推向市场，充分挖掘其中潜在的商业价值，走市场化、产业化、国际化的道路，是推动我国体育产业进程中亟待破解的难题。③ 2021 年 10 月，国家体育总局发布的《"十四五"体育发展规划》中，提出"加强对国家队运动员的日常管理，特别是加强对知名运动员的管理，确保不出现脱离管理的特殊运动员……强化国家队运动员组织观念和纪律意识，认真遵守自媒体发布、广告代言、兴奋剂管理等纪律要求，打造纪律严明的'铁军'"④。

综上来看，国家出台大力发展体育产业的相关政策文件，为优秀运动员商业行为提供了宽松、有利的宏观环境；体育行政管理部门则侧重于从严明纪律的角度对运动员商业行为规范化提出了更高的要求。然而，运动员也因商业行为屡起争议，备受社会关注。比如，"田亮事件"、"宁泽涛事件"、亚运会"领奖服事件"、"张国伟事件"等。这

---

① 国家体育总局. 关于进一步规范商业开发活动的意见 [Z]. 2019.
② 国务院办公厅. 体育强国建设纲要 [Z]. 2019.
③ 国务院办公厅. 关于促进全民健身和体育消费 推动体育产业高质量发展的意见 [Z]. 2019.
④ 国家体育总局. "十四五"体育产业发展规划 [Z]. 2021.

些事件反映出，优秀运动员商业行为纠纷频发绝非偶然现象，充斥着包括体育行政主体、市场主体、运动员等多方力量的角逐与利益的博弈。运动员商业行为引发的法律纠纷备受社会关注，对其商业行为的法律保护与规范治理成为体育法学领域研究的热点。

二、研究意义与目的

(一) 研究意义

1. 理论意义

第一，本研究通过对我国优秀运动员商业行为总体现状的梳理以及具体问题的分析，有利于弥补国内运动员商业行为治理理论研究的不足，进一步丰富体育治理理论的具体内容。

第二，从法学视角研究运动员商业行为治理的具体内容以及如何完善运动员商业行为治理法律制度，离不开对民商法、竞争法等学科理论的展开与运用，有利于促进体育法学学科的交叉和融合。

2. 现实意义

第一，本研究以运动员商业行为纠纷案例为逻辑起点，探寻运动员商业行为治理的法理支撑，以及具体商业行为治理的法律依据，可为司法实践解决争议问题提供有益指导，具有一定的应用价值。

第二，本研究立足于我国运动员商业行为治理的现实困境，借鉴国外运动员商业行为的相关法律制度及治理经验，提出完善我国运动业行为治理的路径，有利于切实维护运动员商业行为中相关利益主体的正当与合法权益，有利于促进竞技体育产业健康、可持续发展。

（二）研究目的

本研究从法律经济学和法律社会学视角出发，结合我国优秀运动员商业行为的具体实践，探究优秀运动员商业行为的特性及模式，梳理优秀运动员商业行为治理的发展历程、主要内容和现实困境，分析优秀运动员商业行为治理中的重点问题，思考如何借鉴国外优秀运动员商业行为治理的有益经验，达到实现我国优秀运动员商业行为良法善治的目的。

第二节　研究思路与研究方法

一、研究思路

本研究主要围绕"优秀运动员商业行为治理"这一主题，主要研究思路是："提出问题—理论分析—域外经验与比较—完善路径"。

如图1所示，本研究以现实问题为导向，结合优秀运动员商业行为涉及的民法典、体育法、知识产权法，以及法院判例和相关司法解释、体育行政部门规章来分析当前优秀运动员商业行为治理的状况与困境；再从优秀运动员商业赞助与广告代言中的具体法律问题来进行分析、论证；最后，在借鉴欧美体育产业发达国家优秀运动员商业行为治理经验的基础上，提出完善我国优秀运动员商业行为治理的具体路径。

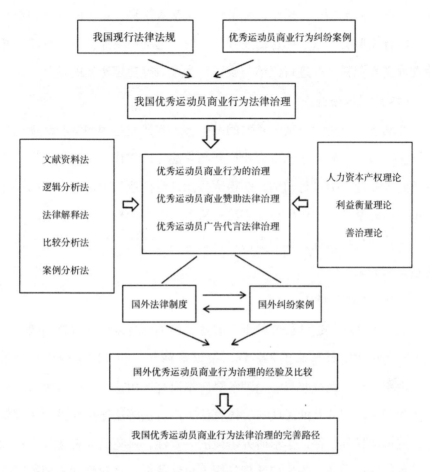

图1 研究思路与框架图

二、研究方法

(一) 文献资料法

通过华南师范大学图书馆、广州地区高校图书馆联盟资源共享平台、安庆师范大学图书馆、中国知网、Google 学术等渠道收集相关书籍100 余部，中文学术论文 300 余篇，英文文献近 100 篇，国内外案例 30

余例。涉及社会学、传播学、经济学、法学等学科，重点阅读运动员权利、体育无形财产权、体育商业开发纠纷、运动员商业活动、竞技体育治理等文献资料，并进行归纳与整理，为本研究奠定坚实的基础。

（二）逻辑分析法

在阅读、分析大量文献资料的基础上，本研究运用归纳和演绎论证等方法，对学术界关于体育商业比赛与表演、广告代言、跨界娱乐、投资经商等商业行为进行归纳，获得优秀运动员商业行为治理内容的一般认识。在此基础上，运用演绎方法，从人力资本产权理论、利益衡量理论等视角分析我国优秀运动员商业行为中引发的法律问题，形成本研究的基本框架。

（三）法律解释法

法律解释法是法学研究的重要方法，根据解释主体和解释的效力不同可分为正式解释与非正式解释；根据解释方法的不同可分为文理解释、逻辑解释、系统解释、论理解释。本研究运用这一方法对优秀运动员商业行为治理涉及的民法典、体育法、广告法等法律法规进行文理解释、逻辑解释等，保证学术研究语境的一致性，避免语言表达歧义；而在优秀运动员商业行为法律治理问题上更多依据正式解释和论理解释提出相应的对策。

（四）比较分析法

比较分析法旨在对客观事物进行比较，以认识事物的本质和规律并做出正确的评价。本书在分析目前实践中存在的两种优秀运动员商业行为模式，比较认为经纪团队模式有利于实现优秀运动员商业价值最大化；再将国内外优秀运动员商业行为管理进行比较分析，进一步揭示我国优秀运动员商业行为管理的弊端，为后续治理完善路径奠定基础。

（五）案例分析法

案例分析是法学研究的重要方法。本书主要围绕优秀运动员商业行为中的商业赞助和广告代言问题，有针对性地选择国内外优秀运动员商业活动纠纷的典型案例，并围绕基本案情、争论焦点、最终的裁判结果等进行介绍与分析，以丰富的实证材料进一步佐证对我国优秀运动员商业行为治理的整体性研究。

第三节 研究对象与主要内容

一、研究对象

本研究的对象是优秀运动员商业行为的法律治理。参阅以往的研究，针对"优秀运动员商业开发"方面的资料不在少数，也有一些关于"优秀运动员商业活动"方面的研究，对上述问题的分析主要聚焦在体育行政部门管理上。本研究以新时代加快体育产业发展、推进体育强国建设为背景，对优秀运动员商业赞助和广告代言等法律问题展开针对性研究，进一步呼应国家持续推进依法治体的态势和决心。

二、主要研究内容

本研究以人力资本产权理论、利益衡量理论、善治理论为视角，对优秀运动员商业行为中的法律现象、法律问题展开探讨。研究内容主要体现在以下几方面：一是梳理我国优秀运动员商业行为概况及治理存在的问题，主要包括运动员商业行为的特性与模式，治理的进程、内容和现实困境；二是分析优秀运动员商业行为纠纷频发的主要领域：运动员商业赞助与广告代言法律问题；三是挖掘国外优秀运动员商业行为治理的经验与做法，得出相关启示；四是提出我国优秀运动员商业行为法律治理的完善路径。

第四节 核心概念界定

一、优秀运动员

关于优秀运动员的界定，经过梳理发现，目前学界主要存在两种学术观点。第一种：部分学者认为，优秀运动员是指在体育界成就卓越，表现突出，为大众瞩目的杰出人士。[1][2][3] 第二种：如从运动员的运动技能水平、获得的成绩、形象气质、外界的关注度等因素综合考虑，认为优秀运动员属于言行举止、思维、形象气质等能够深刻影响周围环境的那部分明星运动员。[4] 本研究认为，对"优秀运动员"的界定应当包括三个维度：一是运动成绩突出的顶尖运动员（如奥运冠军或世界冠

---

[1] 郝家春，张志佳. 中国体育明星社会责任解析 [J]. 首都体育学院学报，2009，21 (3)：276-277.

[2] 黄延春. 我国体育明星价值嬗变审视 [J]. 体育文化导刊，2012 (2)：148-150.

[3] 李艳翎，常娟. 我国体育明星无形资产开发的理论初探 [J]. 北京体育大学学报，2007，30 (11)：1455.

[4] 杨文运，林萍. 体育明星价值分析 [J]. 体育文化导刊，2008 (4)：45.

军）；二是具备较大的商业开发价值；三是代表着社会大众的期待。

二、商业行为

商业是指以买卖方式使商品流通的经济活动。商业的本质在于交换，是基于人们对价值的理解的等价交换。行为是指受思想支配而表现在外的活动。如正义行为、不法行为。可见，行为是活动的具体外表形式，也是种高级表现形式。

商业行为，又称商（事）行为、经济行为，商业行为的概念属于舶来品，是大陆法系国家商业法中的一个特定概念。在我国，商业行为仅仅属于学理概念，而非法定概念以及立法用语。商业行为和商人这两个概念，是大陆法系国家商业法中最基本、最重要的概念。我国学术界在探讨商业行为概念时，存在两种不同的定义路径。路径一是借鉴《法国商法典》客观主义商法理论，通过对商业行为本身特征的概括来定义商业行为。典型定义如商人所实施的、属于其商事营利事业经营的一切行为。路径二是借鉴《德国商法典》主观主义商法理论，以商人身份作为界定商事行为的前提，以及是否适用商法规范的标准。典型定义如商业行为是商主体以营利为目的的营业行为。综上来看，虽然定义路径有差异，但共同点也较为明显，一是商业行为的营利性，二是商业行为作为某种法律事实的存在，可导致商事法律关系的产生、变更或消灭，或者引发其他商业法上的后果。也有学者从商事行为和民事行为之间的关系出发，认为传统商法中，商事行为与民事行为的区别，不在于行为的客观内容和表现，而在于行为者的主观意图；商事行为与民法上的一般民事财产性行为并无差异，而以营利为目的时才构成商事行为；

或者说，传统商事行为并不像人们想象的那样特别，它并没有形成整体统一的、异乎于民事行为的普遍特点，所谓的商事行为的某些特点，不过是个别商事行为偶然的、个体的表现，并不具有涵盖所有商事关系的普遍意义。① 诚然，客观主义理论和主观主义理论并非截然对立，民事行为和商业行为也并非需要完全划清界限，本研究将"商业行为"界定为：以营利为目的实施经营性质的法律行为。值得注意的是，这里的"法律行为"，旨在强调行为人意志与法律效果之间的内在关联性，有利于实现私法自治。一方面，法律行为是私人意思表示。法律行为实施者并非根据国家权威而行为，从而与行政行为相区分。另一方面，法律行为指向法律效果的创设。法律行为的目的指向权利的设立、变更或消灭，然而，权利设立的效果则又无须直接指明。②

三、优秀运动员商业行为

对优秀运动员商业行为概念的界定，需要结合国家颁布关于运动员商业活动方面的政策以及专家、学者的学术研究进行综合考察。一是国家政策方面，1996 年国家体委颁布《加强在役运动员从事广告等经营活动管理的通知》，该通知中所指广告等经营活动包括：运动员以其名义、形象，包括以其名字、图像、服装、讲话、演出等形式，通过书刊、报纸、杂志、广播、电视、商标、橱窗等从事广告或其他商业推广活动；参加各类有门票、广告赞助收益的营业性表演；以名誉肖像权作

---

① 赵旭东. 商法的困惑与思考 [J]. 政法论坛，2002，20（1）：103.
② 朱庆育. 法律行为概念疏证 [J]. 中外法学，2008（3）：365.

为无形资产投资入股参与经营；国家体委认定的其他经营形式。① 二是学术研究方面，王龙等认为，我国运动员参与的商业行为大致分为三种：一是具有商品属性的体育表演与体育比赛等形式的体育劳务；二是运动员利用自身的无形价值在市场中进行交换的行为，如做广告、担当代言人、进军娱乐圈等活动；三是在役运动员自己投资经商。② 李菲菲将明星运动员的商业行为界定为：在体育商业化的过程中，明星运动员以营利为目的，采用商业方法进行经营从而实现自身商业价值的社会行为。③ 张恩利、董晓龙认为，运动员商业活动可分为广义和狭义两种：广义的运动员商业活动已经覆盖至整个体育运动领域，原因在于现代体育运动已经成为商业活动的重要载体；狭义的运动员商业活动（行为）是指企业、社会组织、个人利用运动员从事商业活动或运动员个人从事商业活动的行为。但是，需要将运动员在劳动关系的分内职责，比如，体育竞赛与表演，以及运动员个人投资经商行为排除在外。④ 以上文献从运动员商业行为的概念、内容以及纠纷等角度为本研究对我国优秀运动员商业行为概念的界定提供了有益的启示，同时也留下可进一步探讨的空间。

本研究结合《中华人民共和国民法典》（简称《民法典》）对法人、非法人组织、自然人的相关规定，从法学视角将优秀运动员商业行

---

① 国家体委. 加强在役运动员从事广告等经营活动管理的通知 [Z]. 1996.
② 王龙，刘一民. 试析我国运动员商业行为 [J]. 军事体育进修学院学报，2006，25（1）：19-21.
③ 李菲菲. 对我国明星运动员商业行为的基础理论和实践研究 [D]. 曲阜：曲阜师范大学，2007.
④ 张恩利，董晓龙. 美国运动员商业活动发展现状评析 [J]. 体育学刊，2009，16（11）：36-37.

为界定为：法人、非法人组织、自然人（包含运动员本人）以营利为目的利用优秀运动员个人形象和社会影响力而实施具有经营性质的法律行为。在研究范围上，鉴于运动员的职业生涯相对较短，如今已退役的运动员，其在役期间的商业行为仍然在本研究范围之内。

第五节　研究的理论基础

一、人力资本产权理论

人力资本是指一个人或人群所具有的知识、技术、能力、健康等质量因素。"人力资本是种严格的经济学概念……它之所以是一种资本是因为它是未来收入或满足，或未来收入与满足的来源。"① 应当强调的是，人力资本同其他资本一样，只是一种获取经济利益和非经济利益的手段。

产权属于经济学和法学的中间概念，是经济所有制关系在法律上的体现。在经济学家科斯看来，产权是人们所享有的一种权利，比如，人们拥有处置自己桌椅的权利。与我们讨论交易费用一样，主要属于术语问题。② 从法学视角来看，产权一般依附于人身权而存在，也是产生其他系列权利的前提与基础。巴泽尔（Yoram Barzel）则将产权分为经济权利和法律权利两种，并认为经济权利是人们追逐的最终目标，而法律

---

① 李建民. 人力资本通论 [M]. 上海：上海三联书店，1999：42-43.
② 刘凡，刘允斌. 产权经济学 [M]. 武汉：湖北人民出版社，2002：5.

权利是达成最终目标的途径和手段。①

　　人力资本产权虽然是一种非常重要的经济关系，不过，即使是作为人力资本理论代表人物的舒尔茨（Thordore W. Schultz）和贝克尔（Gary Becker），涉及这方面的论述也并不多见。比如，舒尔茨在创立人力资本理论时，曾经意识到人力资本投资不可避免地存在与物质资本相同的产权归属关系问题，但是他本人并没有深入地去探讨这一问题。贝克尔在分析投资行为时，较早关注到了人力资本产权关系对投资的影响意义。罗森（Rosen）指出，人力资本所有权限于体现它的人，前提是在自由社会里。巴泽尔（Yoram Barzel）对此持不同意见，认为即使是在蓄奴合法的制度下，人力资本特殊性的事实也决定了产权只能归属于私人。他对人力资本产权界定的困难、力量、方式等进行了深入分析与论证。国内学者周其仁、张维迎提出，人力资本产权是天然的个人私产；人力资本产权权利一旦受损，其资产可以立刻贬值或荡然无存；人力资本是种主动性资产，总是自发地寻找实现自我的市场；需要通过激励来实现。② 李建民认为，人力资本产权是依附在人身上、有价值的健康水平、知识、技能等所有权，它包括投资、使用、收益过程中的经济关系，还是一种资产归属关系，这种关系及其实现会因人力资本及其投资的性质变得复杂和特殊，主要体现在：人力资本"承载所有者"与其他所有者之间的矛盾；人力资本承载者的意志与行为对产权关系实现的影响；产权分割、收益分配上的困难；人力资本投资中的福利主义和

---

① 约拉姆·巴泽尔. 产权的经济分析：第2版［M］. 费方域，段毅才，钱敏，译. 上海：格致出版社，上海人民出版社，2017：3.

② 卢栎仁. 系统阐述人力资本产权理论的周其仁［J］. 产权导刊，2011（1）：72-73.

功利主义。① 孔令锋、黄乾从产权的一般概念与共性出发，认为人力资本产权是所有权、支配权、收益权等各种权利的集合。人力资本产权作为一种行为权，必须通过市场交易得以体现，本质上是不同利益主体之间经济关系的反映。②

运动员人力资本产权是投资主体对投资所形成的运动员人力资本所拥有的一系列具有经济价值的权利总称，包括所有权、使用权、收益权、处置权等。与普通人力资本产权相比，运动员人力资本产权具有严格的时间规定性，自发积累、追求升值和价值贬损的两面性，资产专用性、风险性程度高等特点。根据人力资本所有权与其人身不可分离这一特性，运动员人力资本所有权只能属于运动员本人，也是唯一的拥有者。运动员人力资本使用权是指在竞技体育生产与流通环节中，对运动员人力资本使用、安排、组织和支配的权利。运动员人力资本收益权是指运动员人力资本经营者依据国家法律法规以及相关契约规定，获取投资收益的权利。运动员人力资本处置权是指人力资本投资主体对在权利允许范围内以各种方式处置运动员人力资本的权利。③ 在运动员人力资本产权束中，所有权是其他权利的基础，使用权是关键，收益权是最终目标。

本研究就不同产权形态下运动员主体地位的差异分别进行了论述，尤其是国有产权形态下的运动员商业行为仍然受到较大的限制。而商业赞助、广告代言、参加综艺活动等具体商业行为是人力资本产权中使用

---

① 李建民. 人力资本通论 [M]. 上海：上海三联书店，1999：51-52.
② 孔令锋，黄乾. 人力资本产权理论研究述评 [J]. 学术论坛，2003 (5)：82.
③ 邰峰，CHI JIAN. 转型时期我国竞技运动员人力资本产权界定与权能分割研究 [J]. 北京体育大学学报，2016，39 (4)：1-5.

权的实际体现，优秀运动员与商家或企业、体育俱乐部、体育中介机构、体育行业协会等之间产生的纠纷往往又是不同利益主体在行使收益权冲突时的外在表现。因此，本研究以人力资本产权理论作为分析优秀运动员商业行为的前提和基础。

二、利益衡量理论

利益法学是实用法学的一种方法论，它是基于法律的社会化发展而产生的，注重法律的社会实效，强调法律的社会利益，其理论的核心是利益衡量。20 世纪初，德国法学家黑克（Philip Heck）创立了利益法学。黑克根据利益是法律产生的动因提出了"利益冲突理论"[①]，法律需要解决的都是一定的利益冲突，法律选择保护的是需要优化保护的利益。因此，立法是具有约束力的利益评价，法官在审理和判决案件时，不仅要对现行法律规范进行逻辑归入，还应掌握案件相关的不同利益，进行比较和价值判断，法官的判决应建立在利益衡量的基础上。庞德在黑克的理论基础上提出，法律应致力于调整各种利益冲突，追求以最小的代价而最大程度地满足社会需求。[②] 他将利益划分为个人利益、公共利益和社会利益；一项法律制度要达到维护法律秩序的目的，首先应承认其特定的利益，据此确定法律规范予以承认和实现的利益范围，尽可能地保障法律认可的利益；利益衡量是价值判断问题，经验、法律假说与公认的传统权威观念是进行价值判断的方法和依据。梁上上也对利益衡量理论进行了系统研究，提出当事人的具体利益、群体利益、制度利

---

① 黑克. 利益法学 [M]. 傅广宇，译. 北京：商务印书馆，2016：8.
② 庞德. 通过法律的社会控制 [M]. 沈宗灵，译. 北京：商务印书馆，2010：32-48.

益和社会公共利益四个层次，重构了利益层次理论。其认为利益衡量的基础——权利存在于法律制度当中，即权利是法律制度中的权利，其与法律制度密切相关。利益衡量不仅关乎权利人的利益保护，而且与法律制度关系密切。法律制度是内容连贯的整个规则体系，包括两方面：一是制度运行的具体指导原则；二是法律制度的具体构成要件，如《民法典》中侵权责任的构成要件。利益衡量的最终结果直接涉及当事人的权利或利益，而权利的制度属性会直接影响其生存状态。因此，只有在特定法律制度中对不同主体的利益进行衡量才具有现实意义，才能获得合理的评判。[①]

在商品经济社会，人们奋斗的一切都与利益有关。[②] 利益是个人或个人的集团寻求得到满足和保护的权利请求、愿望或需求。它是社会生活中人们安排自身行为，以及国家、社会对人们的行为加以调整时所必须考虑的重要因素。如果社会为发挥个人的积极性和自我肯定留有空间，那么在相互矛盾的利益之间肯定会有冲突和碰撞。[③] 优秀运动员商业行为的主要目的在于获取经济利益，追求个人利益的同时容易与国家利益、社会公共利益发生冲突。一是个人利益与国家利益的冲突。市场经济背景下，运动员借助在体育领域获得的成就和影响力从事商业行为，而国家作为体育事业的主要投资主体，追求的是强国的国际地位与形象，商业利益不是国家追求的首要目标。利益导向上的差异，容易导

---

① 梁上上. 利益衡量论：第 2 版［M］. 北京：法律出版社，2016：73-171.
② 中共中央马克思恩格斯列宁斯大林著作编译局. 马克思恩格斯全集：第 1 卷［M］. 北京：人民出版社，1995：71.
③ E. 博登海默. 法理学：法律哲学与法律方法［M］. 邓正来，译. 北京：中国政法大学出版社，2001：398.

致运动员个人利益与国家利益出现不和谐的局面。例如，"田亮问题""宁泽涛事件"以及亚运"领奖服事件"。二是个人利益与社会公共利益的冲突。在信息化、网络化时代背景下，优秀运动员身上积聚而成的"粉丝效应"，影响其粉丝与潜在消费者的理性选择。例如，优秀运动员虚假广告代言有损消费者利益，易引发社会争议。因此，本研究以利益衡量理论为视角对于分析优秀运动员商业行为治理过程中各方主体之间的利益均衡，维护优秀运动员商业行为健康、可持续发展具有重要的理论价值和实践意义。

三、善治理论

"善治"一词是随着治理理论的发展而出现的，含义是良好的治理（good governance），是对治理失效的修正与完善。学者玛丽-克劳德·斯莫茨（Marie-Claude Smouts）认为，善治的构成要素包括：公民安全得到保障，法律得到尊重，需要依靠法治加以实现；公共机构卓有成效的行政管理；政治透明性等。[1] 俞可平认为，善治具有合法性、透明性、责任性、法治、回应、有效六个特点；善治的目的在于实现公共利益最大化的社会管理，本质特征是国家与社会、市场之间的一种新型合作治理关系。[2] 陈广胜认为，"善治"一词来自西方语境，需要做出本土化的阐释，需要从治理主体、治理目的、治理方式、治理结果几方面来理解。首先，善治下的治理主体应该是"善者治理"，合法性是政

---

① 玛丽-克劳德·斯莫茨. 治理在国际关系中的正确应用 [J]. 肖孝毛，译. 国际社会科学，1999（2）：87-89.

② 俞可平. 治理与善治 [M]. 北京：社会科学文献出版社，2000：8-11.

府、社会组织、私人企业等治理主体的前提和基础，其中，政府是元治理主体，需要发挥积极关键的作用，这与公众对政府作为温良、合格、公正治理者的形象信赖密切相关。其次，从治理目的来看，"善意治理"是善治的应有之义。服务是治理存在的前提和基础，积极、有效的治理更离不开服务。政府治理的目的在于让民众拥有更丰富充足的公共产品，拥有更大满意度的社会管理，从而最大程度实现社会福利的共享。再次，就治理方式而言，善治也是"善于治理"，它需要政府改变垄断权力、单向行政、大包大揽等做法，需要建立与社会主体以契约为基础的合作治理。强调治理中积极回应大众需求、与其他主体良性互动的过程。最后，从治理结果来看，"善态治理"是善治的归宿。虽然社会矛盾与冲突仍然存在和发生，却能最大程度为民众所理解和包容，达到和谐治理的理想境界。① 综上，"善"是善治的精髓，善治过程需要抓住"竞争—合作"的主旨和要义，积极探索政府、社会、市场等多元主体的合作治理，达到良性互动、运行协调的和谐治理新局面。

善治理论强调以人为本的精神，契合本研究以运动员为中心，保障与实现运动员正当、合法权益的主旨与思路，优秀运动员在我国竞技体育产业发展中扮演着至关重要的角色，其商业行为能够带动其他相关产业的发展。善治实现方式中的多元合作治理，利于优秀运动员商业开发中行政管理部门的职能转变，实现管办分离，推进体育行业协会实体化进程，充分发挥体育中介组织市场"润滑剂"的作用，做到训练与比赛、商业开发两不误，助力优秀运动员商业行为。善治理想中的和谐治

---

① 陈广胜.走向善治：中国地方政府的模式创新［M］.杭州：浙江大学出版社，2007：108-111.

理，提倡多元合作治理，强调公共利益最大化的理论观点，也与优秀运动员商业行为中运动员经济利益与国家利益、社会公共利益平衡的目标相契合。

综上所述，人力资本产权、利益衡量和善治构成本研究的三大理论基础，三者构成内在的逻辑关系。人力资本产权理论解释了运动员商业行为权利的来源与基础，利益衡量理论阐释了运动员商业行为治理中利益关系的公平价值与社会意义，善治理论揭示了利益平衡目标实现的作用机制。总体来看，是法律经济学和法律社会学视角下对运动员商业行为治理问题的审视与反思。

第六节　文献综述

一、国外文献综述

（一）优秀运动员商业价值研究

Paul Mcdonald 认为，明星不仅是一个表演者，还是魅力的代表，形象的化身。[①] Gordon Clanton 提出，优秀运动员是一张具有价值的名片。[②] 优秀运动员属于一种社会稀缺性资源，优秀运动员的社会价值不仅能够鼓舞和提升大家的生活热情，而且对社会文化的传承和引导都能

---

① MCDONALD P. Star Studies [J]. The Journal of Economic Perspectives，2001，15（3）：105-106.

② CLANTON G. The Sport Star：Modern Sport and the Cultural Economy of Sporting Celebrity [J]. Contemporary Sociology，2007，20（3）：48-49.

发挥重要作用。① 优秀运动员除拥有精湛的运动技能以外，还具有健康靓丽的外表形象，以及坚持不懈、不断突破自我的精神。这些要素不仅对社会大众的行为具有一定的价值导向作用，也是优秀运动员商业价值形成的前提和基础。② 优秀运动员良好的外在形象有利于提升企业形象和品牌价值，也更容易吸引消费者的目光，从而促使消费者深化对企业品牌的识别度。③

（二）优秀运动员形象权研究

形象权是对个人姓名、肖像等人格特征商业化利用的权利。"利用"包括自己利用或许可他人进行利用。未经同意商业性地利用运动员的身份，构成对运动员形象权的侵犯。④ 一是欧美国家运动员形象权及其保护。美国许多州承认对形象权的保护，并创设了相关联使用检测法、转变性使用检测法和主要目的检测法等方法以在形象权保护与言论和新闻自由之间寻求平衡。⑤ 欧洲国家在立法中并没有将形象权作为一种独立的权利类型进行规定。运动员形象权的冲突主要涉及权利归属问题，多产生于运动员与体育行业协会之间。就冲突解决路径而言，通常在事前以签订协议的形式来划分权利归属，不过，协议的效力只涉及双方当事人，对运动员形象权的保护相对有限。而人格权保护加个案处理

---

① SMART B. The Sport Star：Modern Sport and The Cultural Economy of Sporting Celebrity [J]. Contemporary Sociology, 2005, 36（1）：48-49.

② TULLE E. Living By Numbers：Media Representations of Sports Stars' Careers [J]. International Review for The Sociology of Sport, 2016, 51（3）：251-264.

③ KOO G, QUARTERMAN J, FLYNN L. Effect of Perceived Sport Event and Sponsor Image Fit on Consumers' Cognition [J]. Sport Marketing Quarterly, 2006, 15（1）：80-90.

④ 李明德. 美国形象权法研究 [J]. 环球法律评论, 2003（11）：474.

⑤ 陈锋. 论美国法下对运动员形象权的保护 [J]. 北京体育大学学报, 2007（5）：586-588.

的方式难以体现运动员形象的商业利益，对于防范商家的投机行为十分不利。① 澳大利亚主要体育组织通过合同支配地位在利润丰厚的市场中获得了利用其雇员运动员的声誉和人格进行体育代言的权利，尽管澳大利亚法律没有承认任何一般性的"人格权"。而声誉和人格的个人品质，即赞助商为产品代言目的所追求的品质，实际上是运动员的"主观知识"，是根据普通法对贸易原则的约束而认可的，是雇员可以随意使用的东西。② 二是亚洲部分国家运动员形象权及其保护。在日本，运动员形象权属于人格权的组成部分，人格权保护包括精神利益和经济利益两方面。③ 三是美国和欧洲运动员形象权的比较研究。美国的形象权已从隐私权发展为二元结构，欧洲国家似乎经历了类似的演变，但速度要慢得多。一些国家如西班牙具有更加类似美国形象权的概念。事实上，在个人死亡之后，美国和许多欧洲国家在主题范围、限制、所有权、可转让性和权利的生存方面似乎都有这样或那样的相似之处。虽然美国有更明确的方法，但欧洲国家更倾向于逐案分析。④

（三）优秀运动员具体商业行为研究

1. 优秀运动员商业代言

一是优秀运动员商业代言的作用、方式以及影响因素。优秀运动员

---

① 刘进. 欧洲国家对运动员形象权的法律保护 [J]. 体育学刊，2007（7）：27-31.
② THORPE D. Athlete persona as subjective knowledge under the common law restraint of trade doctrine [J]. International Sports Law Journal，2013，13（1）：211-224.
③ 萩萩原·有里. 日本法律对商业形象权的保护 [J]. 知识产权，2003（5）：62-64.
④ AYRANCI Z B. Right of Publicity of Athletes in the United States and Europe. [J]. Entertainment & Sports Lawyer，2017，33（4）：61-76.

代言产品不仅利于商家，而且能进一步提升代言人的社会名气。① 优秀运动员商业价值的实现方式是与企业进行合作，然而企业在选择优秀运动员代言产品时，除了侧重考虑优秀运动员与产品的契合度以外，还会充分考虑优秀运动员所在项目特点、综合素质和未来潜力等因素。② 优秀运动员对广告代言活动的选择也应保持足够的理性。优秀运动员选择代言时，赞助商的企业文化是否与优秀运动员自身形象相符合，产品属性与优秀运动员是否拥有较高的匹配度，以及对优秀运动员自身形象是否具有促进作用都是需要考虑的因素。③ 此外，对运动员性别对消费行为的影响进行研究发现，男性优秀运动员所代言的产品更容易被消费者识别。④ 二是优秀运动员代言合同研究。尽管运动员代言作为一种营销工具的地位日益突出，合同价值持续增长，但代言合同的价值基本上没有得到检验。与先前针对单个巨星运动员或体育赛事并为公司找到可观丰厚回报的研究相反，研究评估了 148 名优秀运动员在各种运动中的代言，发现传统的优秀运动员代言合同对公司的市场价值影响不大。同样，产品代言人的配对假设也没有得到支持，但是高尔夫球手的代言确

---

① MICIACK A R, SHANKLIN W L. Choosing Celebrity Endorser [J]. Marketing Management, 1994, 23 (3): 51-59.

② JOWDY E, MCDONALD M. Tara Nott Case Study: Celebrity Endorsements and Image Matching [J]. Sport Marketing Quarterly, 2002, 11 (3): 186-189.

③ JOWDY E, MCDONALD M. Tara Nott Case Study: Celebrity Endorsements and Image Matching [J]. Sport Marketing Quarterly, 2002, 11 (3): 186-189.

④ PEETZ T B, PARKS J B, SPENCER N E. Sport Heroes as Sport Product Endorsers: the Role of Gender In the Transfer of Meaning Process for Selected Undergraduate Students [J]. Social Marketing Quarterly, 2004 (3): 130-141.

实表现出显著的异常回报。① 在驱动运动员代言收入变化因素方面，每个量表的积极 Q 评分（可喜度）价值约为 75 万美元至 100 万美元，而消极 Q 评分在统计学上不显著。运动员、经纪人和赞助商可以使用这些发现来确定代言交易的估计值或公平市场价值。②

2. 优秀运动员网络营销

一是运动员与社交网络媒体的关系及其作用机制。运动表现并不是优秀运动员市场价值的独特组成部分。一些天才球员会因媒体曝光率低而受到损害，而另一些天才球员积极参与社交媒体并吸引成千上万的粉丝，这将利于签下高昂的合同。此研究明确了社交媒体在体育产业中的作用，揭示了部分优秀运动员市场价值高的秘方。这项研究对欧洲 95 名顶级足球运动员样本进行定性比较分析（QCA）。结果表明，运动表现和社交媒体活动十分必要，但对高市场价值而言不够充分。这项研究为管理者和优秀运动员在社交媒体领域进行导航提供了路线图。③ 社交媒体网络已成为现代商业界必不可少的工具，对体育公司和运动员而言尤其重要。社交媒体网络是公司与受众建立联系并建立社交客户关系的新渠道。对体育公司而言，运动员扮演着特殊的角色，因为他们是体育公司的大使和虚拟球迷社区的焦点。对大多数运动员来说，社交媒体是

---

① FIZEL J，MCNEIL C R，SMABY T. Athlete Endorsement Contracts：The Impact of Conventional Stars ［J］. International Advertisement Economy Res，2008，14（2）：247-256.

② RASCHER D，EDDY T，HYUN G. What Drives Endorsement Earnings for Superstar Athletes ［J］. Journal of Applied Sport Management，2017，29（2）：1-10.

③ STEIN J R，WANG J J. Dimensions of Athletic Star Power Associated with Generation Y Sports Consumption ［J］. International Journal of Sports Marketing and Sponsorship，2015，36（4）：242-267.

一种强大的工具，可以充分利用他们的时间。但是，社交媒体具有更大的潜力。这项工作分析了 6 位著名优秀运动员（克里斯蒂亚诺·罗纳尔多、莱昂内尔·梅西、汤姆·布雷迪、亚伦·罗杰斯、勒布朗·詹姆斯、凯文·杜兰特）创建的社交媒体资料和内容，以开发社交媒体使用模型（STAR）。采用这种模式可以增强在线粉丝的参与度，从而提高运动员和公司的品牌价值以及与消费者的联系。① 作为电子口碑（e-WOM）营销功能的转推行为，目的是检查与运动员代言相关的推文，并确定这些推文的哪些特征可以提高该消息生成的电子口碑营销的程度。结果表明，高生动度和高交互性之间的交互产生了最高的转发频率。报告的结果可能以增加推特（Twitter）上赞助信息的 e-WOM 的方式通知运动员或品牌经理。② 二是运动员使用推特、博客和其他媒体的法律规范问题。从运动员 1962 条推文的分层随机样本中，发现有 5% 的推文具有促销性质。《联邦贸易委员会法案》及其指南要求运动员对自己通过社交媒体认可的产品和服务保持坦率和诚实。运动员及其经纪人应熟悉指南，符合指南的要求，而且要与使社交媒体帖子更具吸引力的原因保持一致。球迷被社交媒体帖子所吸引，这些帖子是运动员的真实观点或信念的声明。如果运动员在偶尔的推文中讨论产品并完全披露该产品是免费提供给他的，或者他是该产品的付费代言人，则该推文具有提供信息的作用，以便粉丝可以拥有知情权，做出是否购买产品的决

---

① PETER T, BROWN J. Off-field Battle on Facebook and Twitter [J]. Business Horizons, 2019, 52 (3): 37-43.

② CORK B C, EDDY T. The Retweet as a Function of Electronic Word-of-Mouth Marketing: A Study of Athlete Endorsement Activity on Twitter. [J]. International Journal of Sport Communication, 2017, 19 (2): 1-16.

定。如果运动员隐瞒与赞助公司的联系，则不仅冒着违反指南的风险，且可能疏远其社交媒体粉丝群。通过社交媒体提供的产品代言，对运动员及其代表公司而言，最好的对策是"直截了当"，即明示他们与代言公司之间的关系。① 社交媒体营销的增长催生了一种开放的传播媒体，广告商现在可以开发出新的、具有针对性的战略来吸引潜在和现有的消费者。不幸的是，该行业还经历了有关通过互联网可接受的广告方面的法规变化。与传统的广告方法不同，社交媒体为公司提供了与数百万消费者互动的众多目标，也提供了使消费者可能不知道自己正在被广告诱导的机会。因此，无论采用哪种媒介，公司都需要确保遵守准则。虽然一个误导广告可能会导致一次购买，运动品牌应着重于与消费者建立关系，从而促成其终身购买。②

3. 优秀运动员参加综艺活动

美国优秀运动员热衷于参加综艺节目，不过因为训练与比赛等任务，经常以客串形式参与。NBC《周六夜现场》喜剧综艺秀是美国历史最悠久、最受欢迎的节目，经常会邀请优秀运动员客串作为主持人，"飞人"乔丹、詹姆斯、NFL球星布拉迪、曼宁等都曾应邀主持节目，反响不错。此外，优秀运动员也喜欢参加脱口秀节目，每年NFL超级碗和NBA总决赛结束后，该节目会邀请冠军球队的明星球员携带奖杯

① MCKELVEY S, MASTERALEXIS J T; NT Brison, Baker, Thomas A, KKByon. This Tweet Sponsored by: The Application of the New FTC Guides to the Social Media World of Professional Athletes [J]. Virginia Sports And Entertainment Law Journal, 2011, 11 (2): 222-246.

② BRISON N T, BAKER T A, BYON K K. Tweets and Crumpets: Examining U. K. and U. S. Regulation of Athlete Endorsements and Social Media Marketing [J]. Journal of Legal Aspects of Sports, 2013 (4): 55-71.

来到脱口秀节目现场，畅谈夺冠过程与感受。韩国综艺节目中同样不缺优秀运动员的身影，他们的表现往往让观众眼前一亮。在韩国，优秀运动员以及活跃在电视荧屏上的艺人统称"体艺人"。篮球明星徐章勋退役后开始频繁现身综艺节目，凭借可爱的形象赢得观众好感，几档节目收视率超过一些专业艺人。①

（四）优秀运动员商业行为管理研究

体育管理体制定位是运动员商业活动管理的制度基础，决定着整体的管理思路与具体手段。国外运动员商业行为管理模式主要有政府有限管理、社团全面管理以及准行政机构管理三种模式。主要特征表现为：分权型体制奠定运动员商业活动管理基础；体育社团主导运动员商业活动管理机制；契约化管理规避运动员商业活动中的争议。社会成因方面：崇尚法治的价值取向是管理法化的政治文化动因，市场经济是管理模式形成的经济动因。②

（五）优秀运动员商业行为纠纷研究

1. 优秀运动员形象权纠纷

Richard M. Southall 认为，全美大学协会（NCAA）"大学竞技模式"的哲学论据被嵌入其 7 个陈述的"核心价值"和"原理"，这是基于严格或根本性平等的分配原则。如果大学可以合法合谋以同等水平补偿所有运动员，则可以实现社会利益或"更大好处"。作者仔细研究了

---

① 李婷，周洋，董铭，等. 优秀运动员上综艺 各国都有 ［EB/OL］. 环球网（2019-09-11）［2021-02-25］. https：//baijiahao. baidu. com/s? id=1644335488881750142&wfr=spider&for=pc.

② 李莹. 国外运动员商业活动管理模式特征、成因及其对我国的启示［J］. 沈阳体育学院学报，2009，28（5）：30-32.

两个最经常由 NCAA 主张的道德框架，以证明利用运动员进行利润创收是合理的。橄榄球碗分区（FBS）和 I 级男子篮球的运动：古典功利主义和家长式运动。在对过去 40 年来 NCAA 的"业余主义"原则质疑的几项法院裁决的分析中发现，在裁决中法官们赞成 NCAA 利用大学运动模型的功利主义和家长式的辩护，暗中支持他们的决定。建议法院应在功利主义和"家长主义"上考虑与诚实、伤害、自治、正义的规范性原则以及成年个人获得经济价值和自我价值的最大权利之间取得平衡。研究中梳理出不少纠纷案例，如美国第三巡回法院审理的运动员哈特诉电子艺术公司案，奥利弗和奥班农等运动员起诉全美大学体育协会（NCAA）等案例。①

2. 优秀运动员广告代言纠纷

Antonio Turco 研究了优秀运动员与代言品牌之间的纠纷。品牌拥有者利用名人代言已有数十年之久，尽管他们是有价值的，但也存在着风险。如果发生名人丑闻，品牌所有者可能希望终止与该名人的关系。品牌所有者可以终止代言合同的一种方法是依靠道德条款。道德条款是合同中的一项规定，其中规定，个人私生活中的某些行为或活动可以作为终止合同的依据。加拿大安大略上诉法院最近确认了 Zigomanis v. 2156775 Ontario Inc. 中准确周到的道德条款起草的重要性，因为法院拒绝推翻原审法官关于前职业曲棍球球员的裁决，运动员的代言合同被

---

① SOUTHALL R M, KARCHER R T. Distributive injustice: an ethical analysis of the NCAA's "collegiate model of athletics" and its jurisprudence [J]. International Sports Law Journal, 2016, 15（1）: 210-225.

错误终止，原因是运动员没有违反道德条款，而是其他原因。①

二、国内文献综述

（一）优秀运动员无形资产权研究

一是优秀运动员无形资产的概念与范围。鲍明晓教授将体育无形资产分为知识型和权利型；广告权、代理权属于权利型体育无形资产。② 运动员无形资产包括人力资本、知识产权以及可被商业利用的人格标识 3 个部分。人力资本指运动员独有的体育专业技能，知识产权指运动员创造的智力成果，可被商业利用的人格标识是指运动员商业化利用自身的姓名、肖像等标识。与人力资本和知识产权均有较明确的法律规定和保护措施不同，目前可被商业利用的人格标识方面法律规定和保护不足，对运动员无形资产开发明显不利。③ 二是优秀运动员无形资产开发与利用。随着我国体育产业市场化、法治化程度的提高，运动员无形资产开发的法律实务问题将越来越受重视，开发过程中确定权利主体、选择合适的合作伙伴、合同的拟定、签署与履行、纠纷解决等直接影响运动员无形资产由预期效益向现实效益转换的效果。④ 三是中外优秀运动

---

① TURCO A, KAPUR A. Ontario Court Upholds That Professional Hockey Player Did Not Breach Morals Clause in Endorsement Contract [J]. The Licensing Journal, 2018 (4): 7-8.

② 鲍明晓. 关于体育无形资产的几个理论问题 [J]. 北京体育大学学报, 1998 (4): 7-9.

③ 牛淑敏. 我国运动员无形资产保护研究：运动员人格标识商业利用的法律研究 [J]. 中国体育科技, 2003 (4): 3-5.

④ 闫建华. 我国运动员无形资产开发法律实务研究 [J]. 体育文化导刊, 2014 (3): 17-20.

员无形资产开发的比较。有学者在对中美优秀运动员无形资产的内容、利用和保护程度比较分析的基础上，提出我国优秀运动员商业价值开发潜力巨大，需将优秀运动员无形资产开发上升到新的高度来认识。①

（二）优秀运动员人力资本产权研究

第一，从宏观角度对我国职业竞技体育产权进行了分析，认为目前中国职业运动员人力资本产权制度安排存在路径依赖，需要进行制度创新。杨年松认为，应从产权界定清晰、纵向权利划分、体育组织变革和产权市场构建等路径进行创新。② 王永荣等提出，应尊重运动员产权的私有属性，建立职业体育联盟，畅通运动员市场转会，从而实现利润增值，运动员人力资本效用最大化。③ 第二，运用经济学、法学等相关理论，对运动员人力资本产权进行辨析、界定与划分。运动员人力资本与物质资本的区别在于，运动员人力资本的载体是运动员自身，具有排他性、可分解性和可交易性的特点。运动员人力资本载体与产权主体不一致的状况，会导致人力资本产权残缺状况。④ 杨茜等结合物权法、债权法理论，认为产权界定不等同于财产所有权归属的界定，而是各方权利具体内容的界定；运动员人力资本产权界定原则不应是"谁投资、谁所有"，而应是"谁投资、谁受益"；区分财产所有权与债权，是实现

---

① 于勇，焦博涵，张天霞．中美体育明星无形资产开发比较研究［J］．吉林体育学院学报，2010，26（4）：26-28.

② 杨年松．职业竞技体育产权效率与制度创新［J］．广州体育学院学报，2006（2）：12-14.

③ 王永荣，沈芝萍，沈建敏，等．中国职业体育制度的形成及其运动员人力资本产权制度安排的合法性［J］．天津体育学院学报，2009，24（4）：353-356.

④ 李海，万茹．运动员人力资本产权的本质与特征［J］．北京体育大学学报，2007（7）：879.

运动员商业活动中多方合作和产权界定的基础。① 邰峰等在分析我国运动员投资主体间的产权归属与权能划分的基础上，认为运动员个人利益与国家利益之间不存在根本性矛盾，各投资主体相互之间的矛盾可以得到消解。②第三，从微观层面对运动员人力资本产权归属不清引发的具体问题进行分析。顾才铭认为，我国优秀运动员无形资产存在使用权主体越位、收益权主体缺位、处置权主体僭位的问题，他提出：引入多元化治理主体，保障纳税人投资主体话语权；加强制度供给，弥补制度不足；引入第三方运营组织，实施管办分离，突破利益群体限制的善治路径。③ 王茜分析了对不同类型运动员的产权配置，认为："计划型"模式投资主体是国家，二者是"隶属型"关系，产权由国家进行配置；"融合型"模式投资主体是国家和市场，与国家之间是"合作隶属型"关系，与市场是自由劳动关系，产权根据各阶段由不同主体分别配置。"计划型"模式下运动员人力资本产权配置容易引发法律纠纷；"融合型"模式下运动员与投资主体在形成契约关系的基础上可享有大部分归属权和支配权。④

---

① 杨茜，邓春林. 运动员人力资本的产权界定 [J]. 天津体育学院学报，2008（5）：379-382.

② 邰峰，CHI JIAN. 转型时期我国竞技运动员人力资本产权界定与权能分割的研究 [J]. 北京体育大学学报，2016，39（4）：1-6.

③ 顾才铭. 现行体制下体育明星无形资产的产权归属及善治路径 [J]. 上海体育学院学报，2014，38（2）：38-41.

④ 王茜，王家宏. "计划型"和"融合型"运动员人力资本产权配置的法学探析 [J]. 体育学刊，2019，26（2）：57-65.

（三）优秀运动员人格权商业利用研究

1. 优秀运动员姓名权的商业利用

一是运动员姓名权的概念、特点与性质。运动员姓名权是现役运动员对其姓名及其相关人格利益衍生的财产利益所享有的权利；运动员姓名权具有与运动员人身不可分离、可以衍生出较大经济利益的特点。①姓名权所蕴含的商业利益是一种源于人格权、但又不同于人格权的财产性权利，应通过立法规定其为一项专门的民事权利。② 二是运动员姓名权的侵权类型及原因。运动员姓名权侵权包括未经运动员许可擅自使用、超出知名运动员授权范围使用、域名注册侵权、商标抢注侵权几种类型；运动员姓名权侵权的原因包括运动员自身原因、社会层面原因、法律层面原因。③ 三是运动员姓名权侵权的认定。运动员姓名权侵权的认定需要从形式和实质两方面进行考察。一方面是形式上姓名权人姓名与争议商标之间的对应关系，即姓名权人的姓名在公共领域一般被如何使用，包括新闻媒体在报道时一般如何称呼该优秀运动员等。另一方面在实质上强调姓名与姓名权人的对应关系，即在社会公众中广为人知的姓名（可能不限于姓名）是否指代该优秀运动员。④ 以迈克尔·乔丹起诉乔丹体育公司侵犯姓名权案为例，对姓名侵权认定的核心，并不要求

---

① 冯晓丽，肖志峰. 运动员姓名权及其法律救济研究 [J]. 成都体育学院学报，2010，36（12）：25-28.

② 孟祥沛. 对姓名所蕴含商业利益的保护 [J]. 苏州大学学报（哲学社会科学版），2015，36（6）：103-112.

③ 冯晓丽，肖志峰. 运动员姓名权及其法律救济研究 [J]. 成都体育学院学报，2010，36（12）：25-28.

④ 韩擘男. 优秀运动员姓名权在商标注册领域的保护 [J]. 中华商标，2019（5）：58-60.

该姓名是唯一存在或者法定的姓名，只需对该姓名（包括艺名、笔名、绰号等）的使用会使公众自然联想到某个特定的人，能够形成唯一对应关系即可。① 也有从营利目的、违法行为、因果关系、主观恶意要素作为侵害姓名权商业利益的认定标准。四是运动员姓名权侵权的法律救济。应从非财产性责任和财产性责任两方面进行救济：非财产性责任方式包括停止侵害、消除影响和赔礼道歉；财产性责任方式为直接财产损失和间接财产损失。不过，名人的姓名中隐含着巨大的经济利益，以乔丹姓名权侵权案为例，迈克尔·乔丹主张的并非一般人格权意义上的姓名权，而是国外法律中认可的名人形象权或人格商品化权，即知名人物对其人身及相关联的形象要素隐含的经济利益所享有的权利，意在用于控制自己使用或防止他人盗用。目前我国法律尚未明确保护这一权利，如果将其归入一般人格权中姓名权的范畴，必然会给经济利益赔偿带来不利影响。体育名人姓名隐含巨大的经济价值，以其申请注册商标的事件频频发生；目前通过反不正当竞争制度、不当得利、商标法上的在先权制度、姓名权等方式实现对侵权行为的规制均存在一定程度的缺陷，应当借鉴域外的事先知情同意制度、不得与在先权利相冲突制度和不得违背公序良俗原则，完善体育名人姓名注册商标法律保护制度。②

2. 优秀运动员肖像权的商业利用

一是运动员肖像权的性质与作用。肖像权属于运动员无形资产开发与保护中的重要权利。运动员肖像权的作用体现在，保护其无形资产不

---

① 张伟君，许超.迈克尔·乔丹起诉乔丹体育公司侵犯姓名权一案的法律评析 [J].电子知识产权，2012（3）：19-25.

② 崔汪卫.论我国体育名人姓名注册商标的法律保护 [J].武汉体育学院学报，2014，48（9）：66-69.

受他人非法使用或要求停止使用并赔偿相应的经济损失，从而保证运动员对其无形资产收益权的控制。① 肖像权的商业利用体现了人格权和财产权的紧密结合。② 二是运动员肖像使用中的现实问题。我国体育领域肖像权存在着肖像主体规定模糊，个体肖像和集体肖像的冲突，肖像侵权责任构成要件存在争议，肖像保护与其他部门法冲突，缺乏有效的侵权赔偿解决机制等。③ 运动员肖像权的具体问题主要在利益归属方面，纠纷的主体涉及国家、运动项目管理中心、商家与运动员，涉及的是情与法、个人与集体、国家利益的冲突与协调问题。④ 三是运动员肖像侵权的认定。举国体制模式下对我国知名运动员肖像权侵权的认定，不仅要考虑肖像权侵权的一般情形，还需要考虑认定知名运动员肖像权的难度、集体肖像权与个人肖像权的冲突、肖像营利性使用与合理使用的区分等难题，提出运动员肖像权侵权的"三要件"认定标准，即未经肖像权及权利相关人同意、具有肖像使用行为、无合理使用的免责事由。⑤ 四是运动员肖像权的法律保护。意大利法下的运动员肖像权遭受损害时，有权要求侵权人对造成的财产损失和精神损害承担相应的责任，同时请求法院判令停止滥用。⑥ 针对国际奥委会对运动员肖像权行使的控制方式，从运动员肖像权的合理使用、集体肖像权、肖像载体的

① 杨茜. 肖像权、无形资产所有权与债权：论运动员无形资产开发中的权利 [J]. 天津体育学院学报，2006（5）：381-384.
② 徐志军，周玲. 奥运会运动员肖像使用规则评析 [J]. 政法论坛，2007，25（3）：135-140.
③ 解瑞婷. 体育领域肖像权保护研究 [D]. 石家庄：河北师范大学，2011.
④ 闫路波. 我国运动员肖像权的法律问题研究 [D]. 南京：南京师范大学，2017.
⑤ 杜艳晶. 我国知名运动员肖像权侵权认定的法律研究 [D]. 福州：福州大学，2018.
⑥ 朱文英. 意大利体育肖像权制度初探 [J]. 武汉体育学院学报，2007（8）：12.

著作权保护方面论证我国对运动员肖像权的保护适宜采取人格权辅以著作权的模式。

3. 优秀运动员形象权的商业利用

一是运动员形象权的含义与性质。运动员形象权是运动员对自身形象享有占有、使用、许可他人进行商业利用的权利。究其本质是种职业形象，性质上属于无形财产权。① 形象权的范围比肖像权更大，运动员形象权是运动员对其姓名、肖像、签名等可识别性特征中商业价值的排他性权利，属于一种新型商事人格权。② 目前运动员形象权的性质有无形财产权、知识产权、商事人格权三类，但究竟属于哪一类还未完全形成较为一致的观点。③ 二是运动员形象权纠纷产生的原因。运动员形象利益归属、我国现行的体育管理体制和相关法律问题是目前纠纷产生的主要原因。具体而言，民法上肖像侵权的构成要件、损害赔偿规定在实践中难以对肖像的实际经济利益进行有效保护；体育行政法规中关于运动员无形资产的归属、商业开发权利和利益分配等存在规定不合理、与上位法律相抵触的现象；另外，法律制度不健全也使运动员形象商业价值难以实现。④ 法律法规不健全，体育制度改革滞后，政府垄断开发权等都是制约运动员形象权开发，导致纠纷不断的重要原因。⑤ 三是运动

① 刘泽玉，杜以同. 运动员形象权研究 [J]. 山东体育学院学报，2015，31（1）：25-29.
② 赵毅. 体育新型商事交易中的法律问题 [J]. 广西大学学报（哲学社会科学版），2016，38（2）：77-82.
③ 李江，李金宝. 运动员形象权的确立、实质及其争议焦点 [J]. 体育与科学，2017，38（6）：73-79.
④ 许科. 我国运动员形象权法律保护研究 [D]. 福州：福建师范大学，2006.
⑤ 邹月辉，丁金娜，孝飞燕. 我国运动员形象权商业价值开发研究 [J]. 体育文化导刊，2018（6）：99-103.

员形象权的法律保护。有学者建议从民事法律制度角度对运动员形象权进行保护，维护运动员的正当权益。① 需通过进一步完善民法、体育法，促进竞技体育管理制度改革，加快市场化、产业化进程来促进和保护我国运动员形象权。运动员形象权保护需要不同部门的法律法规之间进行协作，主要通过民法、商标法、反不正当竞争法的保护以及相关体育行政法规的完善加以解决。

（四）优秀运动员商业行为分类研究

1. 优秀运动员商业比赛与表演

针对商业比赛中运动员退赛行为，张晓静认为，运动员退赛可能并非单纯伤病原因，背后隐藏着十分复杂的利益关系；原因可能包括利益分配不平衡、运动员自身的伤病、裁判员判罚不公、体育组织内部控制比赛等；提出了建立和完善运动员退赛行为的法律制度设想，包括对退赛法律性质的认定、退赛法律体系完善、体育赛事相关制度建设，加强对运动员退赛行为的约束与控制，保障体育赛事健康、可持续发展。② 也有学者以申雪、赵宏博将竞技体育冰上舞蹈项目办成了精彩绝伦的商演为例，分析认为此种商业化运作具有创造性，值得其他优秀运动员和运动项目借鉴；优秀运动员商业化运作不能仅局限于商业代言，应该借助优秀运动员效应，搭建商业化运作的平台，通过举办商业演出或慈善活动等，积极开发优秀运动员的商业价值。③

---

① 刘苏，王湧涛. 论运动员形象权法律保护 [J]. 体育文化导刊，2009 (2)：1-3.

② 张晓静. 商业赛事运动员退赛行为的法律分析 [J]. 西安体育学院学报，2009，26 (4)：420-423.

③ 高鑫辰. 体育明星商业化运作模式研究：以"申雪、赵宏博冰上婚礼"为例 [C] //中国体育科学学会. 体育管理与科学发展·2012 年全国体育管理科学大会论文集. 西安：西安地图出版社，2012：9.

2. 优秀运动员商业赞助

一是优秀运动员商业赞助冲突的表现。按照受赞助对象不同，体育赞助可分为个人赞助、团体赞助与赛事赞助，优秀运动员赞助容易与团体赞助、赛事赞助发生直接冲突。[①] 二是优秀运动员商业赞助冲突的原因。冲突产生的原因在于商家利益需求的无限性与赛事资源的有限性；利益主体的差异性与合同履行方式的一致性之间的矛盾。[②] 也有学者认为，优秀运动员赞助发生冲突的根源在于体育赞助的利益多元性与赞助合同内容的排他性之间的矛盾。三是优秀运动员赞助合同的主要条款。针对奥运会参赛运动员赞助合同，运动员参赛合同需要遵守一般赞助合同的规定，不同的运动项目合同内容可能存在一定差异；运动员赞助合同主要包括合同期限、代言酬金、出场次数与费用计算、争议解决等条款，另外，运动员的肖像使用条款也值得重视。[③④] 部分学者[⑤⑥]侧重研究合同中的道德条款，因为这一条款对赞助双方利益有着较大的影响，也是合同履行中有较多争议的条款。四是优秀运动员赞助合同冲突的解决。作为被赞助的一方，运动员应积极上报其在先的赞助合同，避免与俱乐部、运动队赞助发生冲突；作为赞助方也有积极的防范义务来避免

---

① 李建星. 体育赞助合同冲突的法律规制路径 [J]. 北京体育大学学报, 2019, 42 (11)：117.

② 唐宇钧. 论体育赛事赞助合同与在先赞助合同的冲突及预防 [J]. 北京体育大学学报, 2008, 31 (6)：743.

③ 黄世席. 奥运会参赛运动员赞助协议中的法律问题 [J]. 法学, 2008 (4)：67-71.

④ 徐志军，周玲. 奥运会运动员肖像使用规则评析 [J]. 政法论坛, 2007, 25 (3)：135-140.

⑤ 孙良国，杨艳. 体育赞助合同中的道德条款研究 [J]. 体育与科学, 2016, 37 (1)：24-28.

⑥ 钱思雯. 体育人才协议中的道德条款研究：兼论道德条款义务与运动员权利的协调 [J]. 体育学刊, 2020, 27 (1)：46-51.

冲突，关键在于从合同条款的合法性、实用性、明确性三方面进行风险防范。① 团体与赞助商签订的体育赞助合同，不能约束团体内运动员；运动员履行了冲突性个人赞助合同，应根据与团体签订的劳动合同或劳务合同承担民事责任。② 从"宁泽涛事件"来看，建议各单项体育协会与运动员平等对话、协商，制定适合运动项目特点的体育商业合同，并呼吁我国体育行政部门以此为契机早日建立体育仲裁和调解制度，解决体育纠纷，保障运动员的合法权益。③

3. 优秀运动员广告代言

一是优秀运动员广告代言的概念及特点。优秀运动员广告代言是指知名运动员为商家、企业推介产品、服务或出任形象代言人的广告。④ 我国优秀运动员广告具有运动项目差异性、品牌类型多样性、广告创意情感性的特点。⑤ 二是优秀运动员广告代言存在的问题。优秀运动员广告代言存在着双向选择的风险性、代言市场的不完善性、内涵认识模糊、选择定位不准确性等问题。⑥ 也有学者对国家包办、"单飞"和社

---

① 唐宇钧. 论体育赛事赞助合同与在先赞助合同的冲突及预防 [J]. 北京体育大学学报, 2008, 31 (6): 743.

② 李建星. 体育赞助合同冲突的法律规制路径 [J]. 北京体育大学学报, 2019, 42 (11): 117.

③ 董双全. 体育赞助冲突的法律解读：以宁泽涛事件为例 [J]. 体育成人教育学刊, 2017, 33 (1): 56-58.

④ 余佳珍. 国际体育产业中的运动员代言：以贝克汉姆为例 [J]. 城市观察, 2010 (6): 24.

⑤ 方千华. 论我国体育明星广告的兴起及发展对策 [J]. 体育科学, 2002, 22 (2): 5-7.

⑥ 李蓉蓉, 刘新民. 我国竞技体育明星广告代言中存在问题剖析 [J]. 西安体育学院学报, 2010, 27 (3): 284-287.

会资本参与三种模式下运动员广告代言收入归属与分配问题进行探讨。① 运动员广告代言的法理基础、法律责任及规制问题也是讨论的热点。②③ 三是完善优秀运动员广告代言的策略。方千华认为④，需从建立健全有关法规、培养与发展体育经纪人、增强广告的艺术性与创新性、优秀运动员树立良好社会形象等方面进行完善。也有学者认为，有必要借鉴娱乐艺人在经纪人、合同层面的成熟经验，实行运动员分类管理，明确与细化合同，培养与发展体育经纪人，健全相关法律制度。运动员代言广告应减少技术约束和制度约束。具体来说，运动项目管理中心和体育行业协会应转变职能，引入运动员广告招投标制度。⑤

朱体正、苏昊认为应以新《中华人民共和国广告法》（简称《广告法》）为基础，构建由民事赔偿、行政处罚、刑事制裁组成的多元治理体系，规范运动员广告代言行为。⑥⑦

4. 优秀运动员娱乐化研究

一是优秀运动员娱乐化的意义与作用。体育娱乐化是市场化、商业

---

① 王瑞，张杨. 我国竞技体育明星广告代言收入归属与分配问题研究 [J]. 河北体育学院学报，2017，31（4）：44-47.

② 朱体正，冯英飞. 新《广告法》背景下运动员广告代言责任问题研究 [J]. 首都体育学院学报，2017，29（1）：17-20.

③ 苏昊. 运动员虚假广告代言的法律规制：新《广告法》的变革与超越 [J]. 武汉体育学院学报，2018，52（11）：43-49.

④ 方千华. 论我国优秀运动员广告的兴起及发展对策 [J]. 体育科学，2002，22（2）：5-7.

⑤ 杨茜，凌丽平，邓春林. 运动员代言广告的帕累托改进与合同管理 [J]. 天津体育学院学报，2011，26（4）：308-309.

⑥ 朱体正，冯英飞. 新《广告法》背景下运动员广告代言责任问题研究 [J]. 首都体育学院学报，2017，29（1）：19-20.

⑦ 苏昊. 运动员虚假广告代言的法律规制：新《广告法》的变革与超越 [J]. 武汉体育学院学报，2018，52（11）：47-49.

化下的产物，属于体育本质的回归。体育娱乐化运作应张弛有度，有效驾驭"娱乐要素"是活动的关键。① 优秀运动员参与综艺节目，勿忘对体育精神的弘扬，对大众强健体魄的引领，塑造友善向上的国民精神，树立积极进取的人生理想。同时，注意避免把优秀运动员作为猎奇的风景、新鲜的摆设看待，如同演艺人员在大众观众面前进行"表演"。②二是优秀运动员娱乐化的风险防范。在事前需要考虑娱乐节目的受众认知、契合度评估，选择成熟的经纪团队，重视与运动员管理体制的衔接；事后需要建立危机公关与沟通决策机制。③

（五）优秀运动员商业行为制度研究

一是商业行为管理制度研究。邓春林认为，运动项目管理中心官民一体、管办兼能的特性是运动员商业活动的最大障碍，由此导致运动员商业开发遭遇行政垄断，运动员无形资产产权主体相对单一、社会资本参与进入壁垒较高，难以实现运动员商业价值最大化。反行政垄断问题并非简单依靠《中华人民共和国反垄断法》（简称《反垄断法》）所能解决，解决运动员商业行为相关制度的关键在于体育行政管理部门的职能转变，真正实现管办分离，消除行政性垄断所带来的诸多不利影响。④ 李莹提出，体育行政管理机关作为公权力部门在介入运动员商业活动时应秉承公平、公正的原则，以及谨慎介入的态度。就具体介入方

① 陈德林. 生于娱乐 死于庸俗：体育娱乐化的理性思考 [J]. 体育文化导刊, 2007 (10): 20-22.

② 邓立峰. 综艺节目+体育明星，如何才能不"尴尬" [N]. 中国艺术报, 2018-11-12 (2).

③ 郑骋. 体育明星泛娱乐化的赞助风险及其应对 [J]. 体育学刊, 2018, 25 (3): 56-61.

④ 邓春林. 运动员商业活动的制度空间 [J]. 体育学刊, 2009, 16 (8): 23.

式而言，适宜通过授权代理或适度分权，将具体的微观事务移交给体育
社团执行，鼓励并支持体育社团参与管理，建立分权型体育管理体制。
另外，需要打破政府部门的行政垄断，承认利益主体多元化。首要目标
是承认运动员从事商业活动的主体资格，即允许在役运动员以个人无形
资产参与市场经营活动。① 在运动员商业开发问题上，管理部门应赋予
运动员一定的自主开发权。② 二是商业行为合同制度研究。对运动员商
业行为管理应视为单纯的财产型合同关系，而非运动员与行政管理部门
之间人身性质的劳动关系，适用《中华人民共和国合同法》（简称《合
同法》）的有关规定更具有合理性。分析合同适用应遵循平等、自愿、
公平原则，能体现意思自治和契约自由精神；合同适用的范围是限于财
产关系以及作为体育行政部门和运动员各自的法律责任。提出对以合同
形式规范化管理的认识转变，推动合同化管理的体育管理配套改革，增
强运动员合同管理的实效性的选择路径。③ 改进合同管理方式，有利于
优化商业开发资源产权配置，提高运动员商业开发效益。④ 域外国家通
过订立合同解决商业开发中的财产纠纷是种惯性做法，在平等合作、友
好协商的基础上进行共同开发，协调利益分配机制，寻求双方利益平衡
与效益最大化。三是商业行为经纪制度研究。允许少数运动项目管理中
心试点实行运动员商业开发招标制度，引入社会资本参与运动员商业开

---

① 李莹. 国外运动员商业活动管理模式特征、成因及其对我国的启示 [J]. 沈阳体育
学院学报，2009，28（5）：30-32.
② 张志伟. 现阶段运动员形象商业开发和利益分配制度的完善 [J]. 西安体育学院学
报，2019，36（1）：23.
③ 郭春玲，丁军. 我国运动员商业活动中的合同适用 [J]. 山东体育学院学报，2007
（6）：19.
④ 邓春林. 运动员商业活动的制度空间 [J]. 体育学刊，2009，16（8）：23.

发，发挥体育经纪团队优势，有利于提高运动员商业开发效率。优秀运动员经纪人的作用主要在于代理运动员处理后方一切重要事务，如形象策划、品牌经营、媒体应对、纠纷解决等，成为以运动员为轴心，沟通运动队与社会部门之间的润滑剂。① 大力发展职业体育经纪人，充分发挥其在赛事安排、品牌策划、运动员转会等事务中的作用，协调运动员商业赞助、广告代言活动与其他主体之间的利益关系。② 当优秀运动员的合法权益遭受商家侵犯，难以及时应对时，发挥体育经纪人的作用，既不耽误运动员正常训练和比赛，又可及时维护运动员的正当合法权益。③

（六）优秀运动员商业行为纠纷研究

郭发产等人以"姚明诉可口可乐"为案例，认为集体无肖像权，我国运动员肖像权的归属应属于个人，集体肖像权也有必要在今后的法律法规中做出相应的规定。④⑤ 周召勇等人以"刘翔精品购物侵权案"为例，就肖像权的归属与形象权构想、肖像侵权行为的构成要件及合理使用、肖像权与著作权的冲突问题进行分析。周召勇等人认为国家运动员的肖像权应该属于运动员本人，提倡设定形象权；取消"以营利为目的使用肖像"作为肖像侵权行为的构成要件；肖像作品的著作权与

---

① 林琼. 比较法视野下刍议我国体育明星商业活动之困境：从孙杨"被代言"事件谈起 [J]. 武汉体育学院学报，2013，47（3）：46.

② 靳勇，李永辉. 经济学视角下的体育经纪行为研究 [J]. 河北体育学院学报，2011，25（3）：6.

③ 余能管. 中国优秀运动员商业价值开发问题研究 [D]. 南昌：江西财经大学，2017：64.

④ 郭发产. "集体肖像权"的法律问题：析姚明与可口可乐公司肖像权纠纷案 [J]. 法学，2003（6）：126-127.

⑤ 段荣芳. 运动员肖像权保护的法律分析：从个案引申出来的法律问题谈起 [J]. 体育与科学，2006（4）：77-80.

肖像权属于形式上的竞合，并无实质性的冲突，应该受到平等的保护。①"田亮问题"具有一定的代表性，也是我国竞技体育体制下专业运动员培养的普遍性问题。根本原因在于运动员产权分割界限模糊、收益分配公平缺失等。需从构建弹性管理、合理制定分配与保障机制等入手，避免因非理性决策使各方利益受损，有助于合理解决类似的"田亮问题"。②孙杨"被代言事件"折射出我国优秀运动员商业活动的现实困境，在竞技体育市场化、产业化背景下，管理部门干预运动员商事权利的做法不合时宜，通过与欧美等国立法经验和体制的比较，探索适合我国的竞技体育改革之路，实现各方主体利益的平衡。③"宁泽涛事件"涉及优秀运动员商业赞助问题，事件的实质是日益发展的运动员商业活动与陈旧的管理思维之间的冲突，建议体育管理部门审时度势，及时修改运动员商业活动规定，调整商业开发合同，并推动体育仲裁制度的建立。④

三、研究述评

（一）国外研究述评

国外文献部分为我国优秀运动员商业行为研究提供了重要的参考价值。总结起来：一是展现了运动员商业行为发展的内在逻辑。体育运动

---

① 周召勇，万小丽. 国家运动员肖像权的法律探析：刘翔肖像权案引起的法律思考 [J]. 天津体育学院学报，2005（5）：36-38.

② 刘平."田亮问题"研究 [J]. 沈阳体育学院学报，2008（1）：19-23.

③ 林琼. 比较法视野下刍议我国体育明星商业活动之困境：从孙杨"被代言"事件谈起 [J]. 武汉体育学院学报，2013，47（3）：42-46.

④ 董双全. 体育赞助冲突的法律解读：以宁泽涛事件为例 [J]. 体育成人教育学刊，2017，33（1）：56-58.

与市场经济相结合产生了高级形态的商业体育和职业体育，也是体育产业发展与发达的体现。在体育产业发达的国家，运动员商业行为是商业体育和职业体育的当然内容，国外由于大众对市场经济的支持和对公民（包括运动员）权利的关注，因此，政府、社会各界能够对运动员商业行为持尊重、宽容、开放的态度，运动员商业行为得以蓬勃发展。二是提供了优秀运动员商业行为的典型案例及经验。例如，篮球"飞人"乔丹与耐克之间的合作，呈现了优秀运动员与合作企业的"双赢"局面；足球明星大卫·贝克汉姆的商业行为遍及西班牙、美国、法国、中国等国家，横跨体育界、娱乐界和时尚界，可谓优秀运动员商业开发成功的典范，成功的商业化运作经验值得深入学习。三是揭示了优秀运动员商业行为背后的法律制度保障内容。国外对体育经纪组织发展的扶持是运动员商业行为活跃的重要原因；职业体育联盟、体育俱乐部通过与运动员之间以灵活的合同方式规避商业赞助冲突；相关法律对运动员广告代言的严格规定等，为本研究提供了诸多有益的启示。然而，国外文献对优秀运动员商业行为的研究较多地侧重于经济学方向，法学方向相对薄弱，这或许与国外优秀运动员商业行为法律制度的成熟程度相关。

（二）国内研究述评

综合国内研究文献来看，主要涉及两方面的问题：一是优秀运动员商业行为中的权利保障成为研究热点。从无形财产权、人力资本产权、人格权，到具体商业行为权利，"权利"一词的使用频率最高，说明运动员权利问题得到格外关注、备受重视。而且在众多研究中，都提及我国优秀运动员商业价值开发受阻于体育管理部门的限制而导致纠纷频繁发生，如"田亮问题""宁泽涛事件"等，一定程度上也反映了运动员权利意识的逐渐觉醒，倒逼体育行政部门进行"放管服"改革，释放并合理利用优秀运动员资源，加快我国竞技体育市场化、产业化发展步伐。二是优秀运动员商业行为的法律规制同样不容忽视。如果说奥运冠军、世界冠军是竞技体育管理体制下的头衔，那么优秀运动员无疑是市场经济体制下"注意力经济"的焦点；通过体育组织的推介，媒体的传播，经纪公司的形象包装与商业推广，优秀运动员成为市场经济下的各种社会资本的"代言人"，完成由符号价值向商业价值的转换。围绕优秀运动员的各种商业化运作不仅涉及运动员个人利益，还会牵涉体育组织形象与利益、社会公共利益，需要在固有体育法、国家体育法、国际体育法等法律框架下进行规范化运作，维系优秀运动员商业行为过程中运动员个人利益与集体利益、社会公共利益之间的平衡。

然而，现有文献大多侧重于对运动员肖像权和形象权开发、广告代言等进行局部分析与探讨，但缺乏对优秀运动员商业行为整体性、系统性的研究，这也为本研究提供了较大的研究空间。具体地，一是优秀运动员商业行为的法理探究。法理探究是法学研究的重要内容，现有优秀运动员商业行为的文献研究大多回避或忽略了这一重要问题，因此法学视角下对优秀运动员商业行为的法理探究不可或缺。二是优秀运动员部分商业行为的性质有待于进一步厘清与匡正。比如，优秀运动员商业赞助和广告代言行为的性质，对这些行为性质的认定也是分析具体法律问题的前提和基础。三是国外对优秀运动员商业行为提供的法律保护比国内成熟，对国内优秀运动员商业行为治理探究具有重要的参考价值。如何基于我国现行体育管理体制，借鉴国外的成功经验与做法，完善我国优秀运动员商业行为治理的路径，成为本研究的关键所在。

第二章

我国优秀运动员商业行为的治理

第一节 优秀运动员商业行为的特性及模式

一、优秀运动员商业行为的性质

优秀运动员商业行为权利属于优秀运动员权利的重要组成部分，就其权利性质而言，是以人权为基础的体育权利。体育权与当代人权——发展权的契合是时代发展的历史必然，衍生出"体育发展权"的概念，竞技体育发展权主要指向运动员这一核心主体。本研究尝试将运动员商业行为权利的性质定位于运动员发展权，因为这一权利不仅在我国《中华人民共和国宪法》（简称《宪法》）、《中华人民共和国体育法》（简称《体育法》）中均有所体现，更具有深厚的国际法基础以及特殊性。宪法层面，我国《宪法》第 33 条，国家尊重和保障人权；第 42 条，中华人民共和国公民有劳动的权利和义务。体育法层面，新修订的《体育法》在第 72 条明确，"支持运动员职业化发展"。国际法层面，1948 年的《世界人权宣言》中提道，"每个人作为社会的一员，有权享受社会保障并有权享受他的个人尊严和人格的自由发展所必需的经济、社会和文化方面各种权利的实现"。1966 年《经济、社会及文化权利国际公约》第 6 条，本公约缔约各国承认工作权，包括人人应有机会凭其自由选择和接受的工作来谋生的权利，并将采取适当步骤来保障这一权利。公约规定了包括与工作有关的权利、由工作派生的权利以及非歧视和平等就业权和辅助性权利。1986 年，联合国通过的《发展权利宣言》中明确，发展权利是一项不可剥夺的人权，由于这种权利，每个人和所有各国人民均有权参与、促进、享受经济、社会、文化和政治发展，在这种发展中，所有人权和基本自由都获得充分实现。① 更为重要的是，《奥林匹克宪章》第 2 条明确规定，鼓励体育组织和公共权力机关尽全力保障运动员的社会和职业前途。特殊性方面，主要体现在：一是运动员发展权既是个体权利，也是一项集体权利。二是运动员发展权的诉求既指向国家，也指向包括体育界在内的国际社会。在一国范围内，实现运动员发展权主要依靠国家，各国均有促进本国运动员发展权的责任。例如，联合国《发展权利宣言》中提及，国家有权利和义务制定发展政策，保障每个人发展均等和公平享有发展所带来的利益；而该权利的实现有赖于国际社会有识人士的共同努力。三是运动员发展权是其他权利得以实现的前提与基础。《发展权利宣言》指出，发展是政治、经济、社会和文化全面发展的进程，只有在这一进程中所有人权和基本自由才能逐步得到实现。②

---

① 兰薇.体育发展权研究［D］.武汉：武汉大学，2012.
② 兰薇.体育发展权研究［D］.武汉：武汉大学，2012.

二、优秀运动员商业行为的特征

（一）商业行为主体的广泛性

法人、非法人组织、自然人（包括运动员自身）都是优秀运动员商业行为的主体。2021 年实施的《民法典》在第 57 条、第 102 条分别对法人和非法人组织进行了规定。对于自然人，在第二章进行了具体规定，主要体现在第 18～23 条。综合条文来看，企业、事业单位、社会团体法人以及作为国家代表的政府均可以成为体育明星商业行为的主体，具有完全行为能力的运动员都可以自主从事商业行为，限制民事行为能力运动员的商业行为由其法定代理人负责。

（二）运动员形象的载体性

借助于大众媒体的广泛传播，优秀运动员成为承载体育强国梦想的英雄符号、拼搏进取的精神符号、完美身体的意象符号和时尚潮流的偶像符号。运动员商业价值是建立在运动成绩基础之上的，但不仅仅如此，个人形象和社会影响力至关重要。就个人形象而言，可分为外在形象和内在形象，商家或企业在利用体育明星代言时往往也是"以貌取人"，比如，阳光、俊朗、帅气的男性运动员更符合大众的审美需求，也更吸引女性粉丝的关注。当然，内在形象同样不可或缺，在赛场上的竞技精神以及观众的喜爱程度等都是运动员内在形象的反映。总之，优秀运动员良好的个人形象有助于提升自身的商业价值。就运动员社会影响力来说，很大程度上取决于该运动员在该项目领域内的知名度和影响力。例如，网球项目的李娜、田径项目的苏炳添。因此，优秀运动员良好的个人形象和巨大的社会影响力是其商业行为的主要支点。

（三）商业行为目的的营利性

一方面，以营利为目的是区分商业行为和非商业行为的主要标准，也是法人、非法人组织、自然人等主体参与商业活动的根本动机。另一方面，运动员商业行为的动机在于营利，但能够实现营利或者说商业行为的最终结果则不在具体的考察范围之内。总之，以营利为目的是运动员商业行为的出发点和最终归宿。另外，在适用范围方面，需要将专业运动员与运动队（或训练单位）之间建立起来的劳动关系排除在商业行为范畴之外。职业运动员与体育俱乐部之间的体育雇佣关系或劳务关系总体上符合《中华人民共和国劳动法》（简称《劳动法》）劳动关系的范畴，因而也应该排除在商业行为范畴之外；而在劳动关系规定之外的商业性体育竞赛与表演应该纳入商业行为的范畴，此类商业行为的收入可以协商方式另行计算。此外，在役运动员投资经商行为已成为一种新的发展趋势。

（四）商业行为固有的风险性

优秀运动员商业行为带来创收、营利机会的同时，其风险性同样如影随行，不可忽视。从风险的来源来看，商业行为本身存在的市场风险，以及天气灾害、各种疫情所形成的自然风险常常无法避免。特别是近年来新冠疫情的暴发，给我国竞技体育产业发展带来较大的冲击，体育赛事举办的延迟或者直接取消对优秀运动员商业行为产生较大的影响，很多商业合同无法履行或无法正常履行。另外，从风险的主体来看，运动员自身固有的道德风险以及其经纪团队的操作风险，商家或企业的信用风险等都给运动员商业行为带来诸多不确定因素，这些风险因素不容忽视。

三、优秀运动员商业行为的模式

（一）体育协会代理模式

此模式下运动员商业行为主要由体育行业协会代理，由协会全权负责。协会由此扮演了组织运动员训练与竞赛以及充当运动员商务开发经纪人的双重管理角色，包括体育赞助、代言广告等活动。此模式通常以三方协议的形式规范运动员商业行为，包括商业利益的分配原则和方案，也包括很多限制性的条款（如出现使用兴奋剂、吸食毒品等负面信息），协议既兼顾了各方利益，又满足了运动员商业利益最大化。在协会代理模式中，以刘翔的商业行为模式最为典型。刘翔的商业行为主要由中国田径协会进行主导，对此，原中国田协分管市场开发的一位领导给出了相关解释，并介绍了刘翔市场开发的相关经验与做法。他认为，优秀运动员的商业价值需要以优秀的比赛成绩作为基础，因此，运动员训练与比赛需要由专业的训练专家及教练团队来负责，但在商业开发、市场营销方面，中国田协及教练团队并不擅长。因此，协会引入了中介经纪管理公司作为辅助，并配备市场、法律方面的专家顾问，做到分工明确、各司其职。

（二）体育经纪团队模式

此模式下优秀运动员将商业开发相关事务主要交给体育经纪人或体育经纪团队进行经营与管理。在我国举国体育体制之下，体育经纪团队模式又可分为三种形式："姚之队"模式、"娜之队"模式和"丁之队"模式。

1. "姚之队"模式

此种模式属于较为成熟的市场化运作方式，优秀运动员收入主要来源于商业代言加上与俱乐部合同的工资收益，由体育经纪团队进行管理。2002 年，姚明以状元的身份被休斯敦火箭队选中，即将踏入 NBA 赛场谋求更大的发展空间。但问题是，姚明属于体制内培养出来的运动员，是国家投资与培养的结果。其实，早在姚明参加选秀之前，一个由 6 人组成的"姚之队"早已搭建完成，约翰·海金格担任姚明美方体育经纪人，比尔·桑德斯主要负责为制定市场策略，事务顾问是比尔·达菲，章明基任"姚之队"的中国方组长，主要负责为姚明制定和实施中国市场战略，陆浩担任中方体育经纪人，还包括法律顾问王晓鹏。"姚之队"先就姚明的培养费与俱乐部及上海市体育局进行多次磋商，最后以俱乐部买断加上缴部分工资收入的方式获得了自由身份，得以顺利进军 NBA。随着这支职业经纪团队的成立，"姚之队"围绕姚明的商业开发与推广也更加成熟，VISA 信用卡、苹果电脑、百事可乐、锐步、麦当劳、中国联通等商业代言，让姚明在 2004 年跃居福布斯中国名人榜第一位，这一切都得益于经纪团队的商业化运作与管理，让姚明的商业价值与日俱增。

2. "娜之队"模式

此种模式下社会资本投资者与运动项目管理中心签订运动员培养协议，运动员接受中心管理，缴纳比赛奖金、广告代言的部分收入。2009 年，李娜等 4 名运动员与网球运动管理中心签订协议，实行教练自主、参赛自主、奖金自主，约定缴纳个人参赛奖金及收入的 8% ~ 12%，并无条件参加国家队赛事，即开启"单飞"路线。李娜重新规划自己的职业生涯并组建专门的体育经纪团队，聘请专业的体能康复师帮助自己提高体能，保持良好的竞技状态，国际顶级的网球教练帮助其提升竞技水平，携手世界 IMG 集团知名经纪人麦克斯·埃森巴德帮助开发个人品牌价值，姜山负责后勤保障服务工作，在整个经纪团队的协同努力下，李娜的竞技水平大幅度提升，从世界前 20 名一跃达到世界前 3 名的水平。在优秀运动成绩的基础上，李娜的商业价值随之大幅度提升。2009—2016 年期间，李娜曾签下十几个知名品牌，获得不菲的广告代言费。

3. "丁之队" 模式

此种模式代表人物丁俊晖，属于国家体制外运动员，其培养费用主要来自家庭投入和社会资本的投资，商业开发事宜由体育经纪人专门负责，收入分配主要由运动员与经纪人约定达成，不涉及运动项目管理中心、体育行业协会等管理部门。2005 年斯诺克中国公开赛，丁俊晖战胜 "台球皇帝" 亨得利后声名鹊起，商业价值随之大幅攀升。在借鉴姚明的商业行为模式的基础上，丁俊晖与众辉体育经纪公司签约，组建专业的经营管理团队，专门负责商业开发事务。丁俊晖的商业代言包括蒙牛、星牌、北京银行、恒大冰泉等众多品牌，所有的商业收入要被经纪公司抽取 50% 的税后费用。

（三）两种代理模式的比较

我国运动员商业行为中的协会代理模式和经纪团队代理模式，相比较而言，协会代理模式对保障运动员参加训练与比赛，合理处理与商业活动之间的关系起到积极的作用。但是，这种模式的弊端也很明显。一方面是基于我国现行体育体制之下体育行业协会与运动员之间不平等的人身关系；体育行业协会参与运动员商业活动在外界看来可谓"名不正、言不顺"。正如任海教授所言，协会本身的性质属于管理机构，如果既担负管理职责，又兼职商业开发，容易在收入分配、监督等方面引发诸多争议。二是体育行业协会在负责运动员训练与竞赛方面是"行家"，但在参与运动员商业活动方面显然"不够专业"，如刘翔代言"白沙烟"事件，不仅给刘翔个人形象与声誉带来了损失，也招致外界对体育行业协会参与运动员商业活动的广泛批评。而在经纪团队代理模式中，经纪人或经纪团队在运动员商业活动中发挥核心作用，在此模式下，运动员商业价值可以得到充分开发，合法权益将会得到更大程度的保障。不过，在此种模式下，经纪团队的成本负担、市场运作的风险因素等均不可忽视。2019 年 8 月，国家体育总局《关于进一步规范商业开发活动的意见》中提及，在不影响训练的前提下，经单位同意，可以自行或聘请经纪机构、经纪人，以个人名义从事商业开发行为。这在某种程度上意味着国家将给予运动员商业活动更大的自由选择权和操作空间。

第二节　优秀运动员商业行为治理的进程

经济转型背景下，无论是政治家还是经济工作者，抑或是社会工作者，都必须关注何种法律制度有利于实现经济目标以及法律制度出台后对经济和社会的影响。[①] 研究依据我国经济体制改革这一主线，参考体

---

① 魏建，周林彬. 法经济学：第二版［M］. 北京：中国人民大学出版社，2017：10.

育治理演进研究①②③的相关成果，将优秀运动员商业行为治理的历史进程划分为四个阶段。

一、初步探索阶段（1978—1991）

1978 年党的十一届三中全会召开，国家在推进经济体制改革的同时，尝试对体育管理体制进行调整与改革，体育对外交往和竞技体育赛事举办越来越频繁，体育产业得到一定程度的发展，运动员商业价值初步显现。"体操王子"李宁代言健力宝饮料拉开了我国优秀运动员商业行为的序幕。这一时期，运动员商业行为治理方面的法律法规主要包括 1986 年的《关于加强体育广告管理的暂行规定》和 1989 年的《关于国家体委各直属企事业单位、单项体育协会通过体育广告、社会赞助所得的资金、物品管理暂行规定》。其中，《关于加强体育广告管理的暂行规定》第 8 条提出，"企业赞助的广告性服装、体育器械、纪念品等，明确用于体育活动，禁止销售"。《关于国家体委各直属企事业单位、单项体育协会通过体育广告、社会赞助所得的资金、物品管理暂行规定》对广告的内容限制及所获收入均有明确的规定。例如，"凡直属公司、企事业单位和国家体委各司、各单项体育协会合作，向国内外组织的重大赞助、广告活动，以收抵支后的纯收入按 5∶5 分成，特殊情况的，双方另作协商"；"个人从体育广告、赞助活动中获得一般性奖励

---

① 董红刚. 我国体育治理演进研究 [J]. 武汉体育学院学报，2018，52（9）：19-21.

② 马德浩. 从管理到治理：新时代体育治理体系与治理能力现代化建设的四个主要转变 [J]. 武汉体育学院学报，2018，52（7）：6-7.

③ 白银龙，舒盛芳. 我国竞技体育治理演进历程、时代特征与展望 [J]. 天津体育学院学报，2021，36（3）：315-318.

和劳务性收入的，应按《个人收入调节税暂行条例》的规定处理"。可见，当时国家体育商业活动的分配方案主要是为运动队和体育协会制定，同时也开始重视对运动员个人商业行为进行引导与调节。

二、加速推进阶段（1992—2000）

1992 年党的十四大提出建立社会主义市场经济体制的目标。1993 年《关于培育体育市场加速体育产业化进程的意见》明确，竞技体育要以产业化为方向，由"计划"向"计划与市场"方向迈进。随着竞技体育市场化的开启，运动员广告代言活动日益频繁，如莫慧兰代言国氏全营养素、聂卫平代言古井贡酒、孔令辉成为安踏品牌形象大使等。① 可见，随着我国经济体制改革的纵深发展，运动员商业行为得到了快速发展。然而，这一时期运动员商业行为规范不够、收益分配不均等问题逐渐显现。对此，国家加强对运动员商业行为的管理，颁布一系列体育法规及政策性文件。1995 年《中华人民共和国体育法》的出台标志着我国体育事业开始进入有法可依阶段。其中第 41 条"鼓励组织和个人对体育事业的捐赠和赞助"为运动员商业赞助提供了法律保障。1996 年国家体委《社会捐赠（赞助）运动员、教练员奖金、奖品管理暂行办法》《关于加强在役运动员从事广告等经营活动管理的通知》等文件出台。1998 年国家体育总局印发《关于重申加强在役运动员从事广告等经营活动管理的通知》，对运动员商业广告收益与分配重新做出调整。

---

① 余能管. 中国体育明星商业价值开发问题研究［D］. 南昌：江西财经大学，2017.

三、协调发展阶段（2001—2012）

2001 年我国加入世界贸易组织，对经济形态的市场化发展起到巨大推动作用。2002 年党的十六大提出建成完善的社会主义市场经济体制的目标。在此政策导向下，我国体育产业市场十分活跃，为体育明星商业行为提供了有利环境。通过企业赞助、商业比赛、广告代言等多种渠道，运动员的个人收入显著增加。而且这一时期国际体育交往比较密切，以姚明、李娜、丁俊晖为代表的优秀运动员开始在国际体育舞台上崭露头角，开启运动员商业活动的国际化发展阶段。然而，运动员商业行为活跃的背后，操作规范化、分配公平化等问题日益显现。对此，国家体育总局印发相关规范性文件，如 2001 年的《关于运动项目管理中心工作规范化有关问题的通知》、2006 年的《关于对国家队运动员商业活动试行合同管理的通知》以及 2011 年的《国家队运动员有奖比赛奖金管理暂行办法》。其中《关于对国家队运动员商业活动试行合同管理的通知》中明确，"运动员无形资产是国家、集体及运动员多方共同投入的结果，应兼顾多方利益、协调发展"。综合来看，国家在运动员商业活动收益分配上试图均衡各方利益，但收益主体的法律地位仍然存在争议。

四、多元治理阶段（2013 年至今）

经济体制改革的核心问题是处理好政府和市场的关系，使市场在资源配置中起决定性作用以及更好地发挥政府的作用。这一重要论断为政府与市场之间关系的处理奠定了基调，也为优秀运动员商业行为治理提供了方向指引。2014 年《关于加快发展体育产业 促进体育消费的若干意见》明确提出，"加强体育品牌建设"，"提升无形资产创造、运用、保护和管理水平"，为我国体育产业发展注入了一针"强心剂"，大量社会资本涌入，竞技体育产业市场更加活跃，优秀运动员商业行为呈现多元发展态势。以傅园慧、郭艾伦、周琦等为代表，上综艺、开直播、忙代言不一而足。在此背景下，为规范国家队运动员参加商业活动广告代言以及经商办企业等行为，2019 年《关于进一步规范商业开发活动的意见》中明确"提高运动员个人商业开发收入分配比例。在不影响训练的前提下，经单位同意，可以自行或聘请经纪机构、经纪人，以个人名义从事商业开发行为"。针对部分体育明星的网络直播行为，2021 年国家市场监督管理总局等七部门联合印发《关于加强网络直播规范管理工作的指导意见》，以加强对优秀运动员网络直播的正面引导与规范管理。

第三节　优秀运动员商业行为治理的内容

一、商业赞助

商业赞助是指一些商业性的企业或机构赞助运动员训练与竞赛的行为。一方面，对体育事业进行赞助有利于企业树立良好的对外形象。另一方面，企业对体育等公益事业的赞助行为可以享受政府的税收减免政策。近年来，随着我国体育产业政策的利好，企业对运动员的赞助行为也呈明显增长势头。究其原因，一方面，企业对运动员的赞助行为实质上是一种行之有效的"软广告"，它可为企业品牌形象的推广起到积极的推动和促进作用，实际是在用另一种方式来给企业的品牌形象增码加分，而且这种对体育事业的赞助方式通常能收到不错的效果。另一方面，对接受赞助的运动员而言，有了实物、资金、服务等支持，为保证自身正常的训练与比赛提供了稳定的经济支撑与服务保障。不过，优秀运动员商业赞助过程中，容易出现与各类体育组织赞助相冲突的状况，比如，易建联球场扔鞋事件、宁泽涛事件、丁俊晖胸标风波等。因此，如何有效规避运动员与各类体育组织之间的赞助冲突，成为运动员商业行为治理的重要议题。

二、广告代言

广告代言是作为广告代言人的优秀运动员受广告主（商品经营者或者服务提供者）委托，在广告中以独立的人格形象对企业商品或服务进行荐证的一种商业行为。运动员广告代言可以作为企业商业赞助的回报，也可以单独与企业签订广告合同独立进行。就运动员广告代言形式和内容来看，一是形式方面，广告代言以平面广告、电视广告、网络广告等方式呈现，其中电视广告仍然占据主导地位；二是内容方面，体育服装、鞋类、运动器材、运动饮料、汽车、保健品等广告相对较多，运动版汽车广告更是占据CCTV-5绝大部分画面。不过，优秀运动员广告代言与娱乐明星广告代言相比具有一定的受限性，原因在于绝大多数优秀运动员的广告代言收益需要根据体育行政管理部门制定的相关政策和文件进行比例分配。而回顾优秀运动员广告代言市场出现的违规代言、虚假代言案例不在少数，典型的如白沙烟事件、"三鹿"奶粉事件、"中晋"理财产品事件，这些负面事件不仅影响优秀运动员群体的正面形象，更有可能激化演变为社会群体事件，不容小觑，亟须加大治理力度，规范运动员广告代言活动。

三、跨界娱乐

　　跨界娱乐是指优秀运动员尝试跨越体育圈转向娱乐圈、影视圈等发展的娱乐与互动行为。2002 年，国家统计部门将体育划入文化娱乐产业，具有加速推进与娱乐、影视等产业融合发展的趋势。因此，优秀运动员跨界娱乐顺应了我国整个文化娱乐产业的发展趋势与潮流。2005年，"跳水王子"田亮与英皇娱乐公司签约，成为其旗下艺人；2007 年刚退役不久，田亮正式宣布进军娱乐圈，出席大型综艺体育真人秀节目、出演同名电视剧的男主角。2014 年，《奔跑吧》《爸爸去哪儿》等户外真人秀活动成为市场发展新潮流，而真人秀对嘉宾需求的多元化，为优秀运动员迈入娱乐圈提供了便利条件。2019 年，傅园慧也连着参加了《我家那闺女》《女儿们的恋爱》等多档综艺节目。2021 年，苏炳添、巩立姣也在综艺节目《百姓的味道》中登台亮相。跨界娱乐行为改变了社会对于运动员单调、刻板印象的传统认知，营造出运动员"接地气""与民同乐"的良好氛围，也成为当前我国优秀运动员商业行为的重要抓手。但是，运动员跨界并不等于越界，如何适度娱乐，在获取经济利益的同时，又能坚守职业道德底线，维护体育行业良好形象，是优秀运动员商业行为治理的一大难题。

四、网络直播

近年来，随着互联网技术的日新月异，网络直播的社交、娱乐、商业等属性日益显现，对网络生态产生了巨大影响。网络直播的直观性、即时性和互动性等特点也成为优秀运动员商业行为的重要领域。优秀运动员网络直播具体分为泛娱乐类直播和垂直类直播两类，前者主要以日常生活和互动聊天为主要内容，后者以体育赛事分析、体育专业知识与技能推广、直播带货为主要内容。① 比如，2016 年里约奥运会上，"洪荒少女"傅园慧径直开启了网络直播首秀，吸引了千万民众的围观，傅园慧也因此迅速走红。2020 年 9 月，跳高运动员张国伟入驻京东直播平台，出任"京东秒杀首席省钱官"。然而，不难发现，网络平台陷阱、消费者投诉举报、明星人设崩塌等事件屡见不鲜，因此，如何协同各方主体利益关系、搭建好网络直播平台、利用好网络直播进一步拓展运动员商业行为空间，对优秀运动员商业行为治理提出了更高的挑战。

五、投资经商

投资和经商行为正是优秀运动员社会资本不断积累下的产物。投资经商不仅是退役运动员实现再就业的一大渠道，也是现役运动员为退役后生存、发展的提前规划和准备活动。"体操王子"李宁退役后，在李经纬的帮助之下成立了李宁体育用品公司，成就了我国优秀运动员成功经商的典范。"乒坛皇后"邓亚萍也曾授权济南伟民实业公司注册"邓

---

① 王宇辰.5W 理论视阈下体育明星网络直播的研究：基于抖音平方的案例分析 [D].北京：首都体育学院，2021.

亚萍"牌商标从事经营活动。姚明早在效力 NBA 期间就开设了姚餐厅、投资合众思壮股份等。2014 年 6 月，冬奥会冠军王濛宣布成立王濛体育文化产业有限公司，成为当时现役运动员从商的典型代表。然而，不少运动员在投资经商过程中由于社会经验不足、专业知识缺乏、品牌保护意识不强等，容易遭受信用诈骗、投资理财不当、陷入知识产权争议等一系列问题，甚至出现非法集资、偷税漏税等不法行为，因此，如何进一步培养体制内运动员的投资理财意识、提升其法律素养、增强其社会责任意识成为优秀运动员商业行为治理的重要内容。

第四节　优秀运动员商业行为治理的现实困境

一、运动员法律主体地位模糊

运动员的法律主体地位是我国优秀运动员商业行为治理无法回避的现实问题，也是厘清产权关系、明晰监管职责、优化利益分配的前提与基础。从法律层面来看，市场交易行为的前提条件是明确交易财产的产权归属。有学者从"计划型""融合型"两种模式下运动员与投资主体之间的法律关系入手，比较分析相关主体的权利与义务①，为本研究提供了可借鉴的思路。

---

① 王茜，王家宏."计划型"和"融合型"运动员人力资本产权配置的法学探析［J］.体育学刊，2019，26（2）：57-60.

（一）"计划型"运动员法律主体地位模糊

我国"计划型"运动员一般沿用"三级"培养过程，主要依靠国家财政的大力支持和人力、物力的大量投入，国家作为主要投资主体对运动员的成长与成才起到基础性保障作用。而在此培养模式下，运动员与国家作为投资主体之间的法律关系亟待厘清。以游泳运动员与国家体育总局游泳运动管理中心之间的关系为例，游泳运动管理中心是国家体育总局的隶属机关，管理中心可根据该运动项目的发展特点制定相关规章制度，负责对全国游泳项目人才进行管理，包括训练、竞赛以及后勤保障工作，而游泳运动员需要根据管理中心的制度规定进行训练和比赛，管理中心对按规定进行训练与比赛的运动员按月发放津贴，运动员负有遵守管理中心相关规章制度的义务。从权利和义务内容来看，双方符合我国《劳动法》中劳动法律关系的基本特征，运动员以训练和比赛作为劳动的内容，获取相应的劳动报酬；从双方主体地位来看，运动项目管理中心处于主导地位，运动员须服从管理，双方地位具有不平等性。当运动员依托运动成绩产权产生经济效益时，国家作为运动员人力资本的主要投资者，有理由获得运动员商业活动的部分收益，或者说国家统一安排运动员商业行为并对收益进行分配的做法具有一定的合理性，如2001年《关于运动项目管理中心工作规范化有关问题的通知》规定，运动员广告代言收入分配中运动员占50%，管理中心占15%，而游泳运动管理中心的分配规则是运动员占1/3，管理中心占1/3。因此，"计划型"运动员商业行为主要由政府管理部门统一安排，管理部门处于支配地位，运动员的话语权较弱，地位不平等的现状容易引发法律纠纷。"宁泽涛事件"就是商业赞助纠纷的典型案例。

（二）"融合型"运动员法律主体地位模糊

改革开放以来，我国对体育事业的投入开始从一元化走向多元化，由单纯依靠国家逐步转变为以国家为主导，社会资本积极参与的"融合型"运动员培养模式。"融合型"模式产生的实质是对运动员人力资本产权归属进行重新划分、配置的过程，是劳动主客体对各自权利与义务关系达成共识的结果。从应然层面分析，运动员与国家体育总局运动项目管理中心间的关系仍然属于隶属型劳动关系，运动员与企业间形成民事合同型体育法律关系；从实然状况来看，在运动员人力资本产权交易过程中，政府行政权力配置与以市场为导向的依托社会资本经营之间容易产生冲突与碰撞，而运动员个人作为人力资本载体，其话语权受限，始终处于尴尬境地。① 以职业篮球运动员郭艾伦为例，2005年郭艾伦进入辽宁青年队，属于典型的体制内运动员。2010年起，郭艾伦加盟辽宁盼盼篮球俱乐部，征战CBA联赛，先后夺得星锐赛MVP、技巧赛冠军等多项荣誉。从表面来看，郭艾伦属于辽宁沈阳三生飞豹篮球俱乐部（混合产权）的职业篮球运动员，事实上在其培养过程中却从未脱离过辽宁省体育局的身影，"隶属型"的人事关系始终存在。2022年夏，郭艾伦因不满自己在球队中的地位而申请转会，最终未能如愿。虽然"融合型"较"计划型"的培养模式有明显的进步之处，但是由于运动员人力资本产权归属不清的症结无法化解，运动员法律主体地位模糊，影响和制约着运动员商业开发自主权的行使。

---

① 王茜，王家宏．"融合型"运动员人力资本产权配置问题的法律研究［J］．体育科学，2019，39（1）：61-75.

二、运动员商业活动管理存在缺陷

优秀运动员商业活动在遵循市场规律的同时，又需要国家的适当干预与调控。原因在于各方主体为追求自身利益最大化，会出现直接或间接损害国家利益、社会利益及其他市场主体合法权益的现象，引发一系列法律问题。因此，有必要对运动员商业活动管理存在的缺陷进行剖析。

（一）行政垄断弊端凸显

经济转型时期，我国行政垄断的遗留问题将长期存在。优秀运动员商业行为本应是市场机制下独立的民商事活动，却受到体育行政管理权力的强烈干预，运动员主体的合法权益难以实现。如国家体育行政机关下设的各运动项目管理中心，其设立的初衷在于更好地促进体育事业由政府主导向社会自治转变，性质上属于过渡型机构，而如今其在资源配置上享受着计划体制便利的同时，又通过市场开发部和下设的公司直接从事体育产业经营性活动，如一些管理中心下设的市场开发部直接垄断运动员商业开发权，造成以权力接管市场的乱象。受部门利益的驱使，这些机构原来担负的公共职能被弱化，而凭借行政权力占用社会资源，在市场中利用垄断地位把控体育赛事资源，不仅限制了其他主体公平参与市场竞争的机会，也扰乱了竞技体育市场的正常秩序。这种管办合一、官商一体的管理方式抑制了优秀运动员商业行为的开展。

（二）体育经纪发育不良

体育经纪作为现代体育商业化的重要中介，在运动员商业行为中扮演着重要角色。体育经纪法律法规、专业素养、监督管理等因素直接影响着运动员商业行为的深度、广度以及成效。由于缺乏全国统一性的体育经纪管理法规，不同地区、不同项目的体育经纪呈现从业资格和职业标准不一的混乱局面。体育产业实践中也存在大量的"灰色经纪人"，存在"劣币驱逐良币"的乱象。此外，部分从业人员缺乏基本的职业操守和法律意识，在行纪过程中出现乱收佣金、操纵运动员进行虚假比赛、偷税漏税等行为，破坏了体育中介行业形象，也给运动员个人形象、国家利益带来莫大损失。①

（三）市场监管力度不足

当前我国竞技体育产业市场仍处于初步发展阶段，专门性的市场管理法规存在着诸多空白，运动员商业行为缺少具体、明确的规则指引，从而导致商业活动中诸多不规范行为的发生。比如，在社会关注度较高的优秀运动员广告市场，一些企业非法利用各种形式滥用运动员形象，从事虚假宣传；也有少数运动员受到眼前利益的诱惑，在缺乏深入了解产品或服务的情况下，从事盲目代言、虚假代言，造成误导消费者、损害市场健康秩序的严重后果。

三、不同利益主体间存在冲突

运动员商业行为作为竞技体育市场化的产物，拓展了优秀运动员的活动空间，优秀运动员在商业活动中以明星形象出现于公众视野，与企业、媒体、粉丝产生新的关联，形成错综复杂的社会关系，难免引发利益上的冲突。综合来看，主要涉及运动员个人利益与国家利益、社会公

---

① 白莉莉，冯晓露，乔凤杰. 中美体育经纪行业比较：兼论中国体育经纪行业制度优化 [J]. 体育学刊，2017，24 (5)：58-61.

共利益和其他平等主体利益的冲突。

（一）运动员个人利益与国家利益的冲突

举国体育体制下，一方面，运动员的成长、成才与国家的大力培养密不可分；另一方面，运动员成名后从事商业行为过程中个人利益与国家利益容易产生分歧与矛盾。究其原因，国家作为体育事业的主要投资主体，致力于提升国家形象、发展社会公益事业与建设社会主义精神文明，获取商业利益非主要目标。2021 年《中华人民共和国民法典》的实施从民事权利层面强化了对运动员姓名权、肖像权等人格权的商业利用，优秀运动员商业行为更加活跃。竞技体育产业化、商业化背景下，优秀运动员商业行为的主要目标在于获取经济利益，因此运动员与国家在利益目标导向上的差异容易引发二者的利益冲突。

（二）运动员个人利益与社会公共利益的冲突

优秀运动员除拥有巨大的商业价值外，其文化价值和社会价值同样不可忽视。文化价值体现为弘扬竞技体育精神、促进全民健身活动开展；社会价值体现为提升社会道德、重塑社会行为。[1] 竞技体育产业化、商业化背景下，优秀运动员商业行为容易与社会公共利益产生冲突，如在职业体育竞技比赛中，少数运动员公然欺骗公众和球迷进行虚假比赛，不仅亵渎了体育精神，更违反了诚实守信、公平正义的社会原则。此外，体育娱乐化趋势下，优秀运动员容易被媒体过度消费，背离社会主义核心价值观，与社会公共利益产生冲突。[2]

---

[1] 王加新. 体育明星价值的社会学审视 [J]. 体育文化导刊，2006（7）：53-55.
[2] 郑骋. 体育明星泛娱乐化的赞助风险及其应对 [J]. 体育学刊，2018，25（3）：58-60.

（三）运动员个人利益与其他平等主体利益的冲突

运动员与其他平等主体的利益冲突集中表现为运动员与企业、职业体育俱乐部和体育经纪人之间的冲突。一是运动员与企业间的利益冲突。优秀运动员作为拥有广泛知名度和社会影响力的特殊群体，其阳光健康、积极向上的精神风貌成为企业形象或产品宣传的绝佳载体，二者之间是等价交换、互惠互利的经济关系。然而，一些企业看到优秀运动员身上的"光环效应"，未经授权随意使用运动员的姓名、肖像等人格标识，牟取非法利益。特别是新媒体环境下，侵权形式更加复杂化、多样化，如苏炳添网络侵权案、全红婵商标抢注事件等。二是运动员与职业体育俱乐部间的利益冲突。例如，职业体育俱乐部与运动员的工作合同中规定，俱乐部拥有球员团体及个人肖像、媒体采访、服装广告等多项支配权利，却没有支付运动员人格标识使用费用的相关规定。[1] 俱乐部通过自身优势地位与运动员签订不平等合同，损害了运动员的经济利益。三是运动员与体育经纪人间的利益冲突。体育经纪本质上是基于人际信任的人力资源商业化的营销模式，体育经纪人在行纪过程中与运动员难免出现授权与越权、信任与背叛、利益分配不均等问题，如拳王邹市明与体育经纪人之间的信任危机导致双方对簿公堂。

---

[1] 韩勇. 体育法的理论与实践［M］. 北京：北京体育大学出版社，2009：67.

第三章

我国优秀运动员商业赞助的法律治理

"赞助"一词，根据现代汉语词典的解释，其含义是帮助、支持。关于"赞助"的认识，2003 年国际商会《关于赞助的国际守则》中的"赞助"，是互惠互利目的下赞助人与受赞助对象之间签订的商业协议。学者蔡俊五认为，体育赞助是以体育为主题的赞助形式，以支持和回报为中心，赞助双方相互受益的一种营销模式。鲍明晓指出，体育赞助是以体育活动为主题，双方需围绕赞助目标，以支持和回报为内容，实行利益等价交换的交易行为。[①] 邓春林认为，体育赞助分为商业赞助和公益赞助两种形式；赞助方的赞助目的才是区分二者的关键。[②] 本研究同意邓春林的观点，认为体育赞助是一种互动交换的过程，但需要区分商业赞助和公益赞助；在实践中，商业赞助通常占据主导地位。优秀运动员商业赞助属于体育商业赞助中的一种类型，本研究将其界定为：赞助企业与顶尖运动员之间以等价交换为形式，以支持与回报为内容的商业行为。

---

① 沈佳. 体育赞助［M］. 上海：复旦大学出版社，2012：1–2.
② 邓春林. 体育赞助合同的若干法律问题探析［J］. 山东体育学院学报，2004（4）：19–20.

第一节　优秀运动员商业赞助的特性

一、优秀运动员商业赞助的性质

明确优秀运动员商业赞助性质的前提是对体育赞助性质的认定。本研究认为，体育赞助行为是民事法律行为中的双务、有偿行为，既不同于捐赠、赠与行为，也有别于买卖和广告行为。

所谓双务，即双方当事人都享有权利和承担义务，双方的债权债务关系呈对应状态；有偿行为是指行为人双方须为对价行为，即存在财产交换关系或利益互换关系。① 根据《中华人民共和国公益事业捐赠法》第2条和第4条的规定，捐赠是捐赠人自愿、无偿将自己的财产用于公益性社会团体和公益性非营利的事业单位的赠与行为。② 因此，捐赠和赠与实质上均属于单务、无偿行为，而优秀运动员商业赞助则属于双务、有偿行为。由此看来，1996年《社会捐赠（赞助）运动员、教练员奖金、奖品管理暂行办法》中，将赞助包含于捐赠之中，是犯了概念模糊、适用不当的错误。③ 无论是《全民健身条例》还是新修订的《中华人民共和国体育法》都注意到二者性质上的差异。《全民健身条

---

① 闫成栋，于善旭．论我国合同法对体育赞助行为的调整［J］．南京体育学院学报（社会科学版），2011，25（3）：73．

② 全国人大及其常委会．中华人民共和国公益事业捐赠法［Z］．1999．

③ 国家体委．社会捐赠（赞助）运动员、教练员奖金、奖品管理暂行办法［Z］．1996．

例》第 6 条，国家鼓励对全民健身事业提供捐赠和赞助；新《体育法》第 78 条，国家鼓励社会力量对体育事业的捐赠和赞助，充分保障参与主体的合法权益。各条例、法规都将捐赠和赞助并列，恰恰反映了二者法律性质上的差异。①② 关于买卖行为，《民法典》第 595 条，买卖合同是出卖人转移标的物的所有权于买受人，买受人支付价款的合同。因此，买卖行为最显著的特征要数标的所有权的转移，而体育赞助中的广告、冠名、劳务等并不必然出现所有权的转移。关于广告行为，根据新《广告法》第 2 条，商品经营者或者服务提供者通过一定媒介和形式直接或者间接地介绍自己所推销的商品或者服务的商业广告活动。虽然体育赞助与广告行为的目的基本一致，但二者也有显著区别。一是从内容上看，体育赞助的内容远比广告合同丰富、复杂，广告行为可以作为体育赞助内容的一部分，具体需要由赞助双方约定而成。二是从可识别性来看，广告具有较高的识别度，需要众多消费者进行明确认知或认同，而体育赞助只是潜在的广告，无论是在外观还是形式上，大众对其识别度相对有限。因此，在厘清体育赞助与捐赠、赠与、买卖、广告行为差别的基础上，确立优秀运动员商业赞助的性质是运动员与赞助商之间的双务、有偿法律行为。

二、优秀运动员商业赞助的主要特征

在明确优秀运动员商业赞助性质的基础上，接下来就优秀运动员商业赞助的特征进行探讨，主要特征体现在整合性、长期性、人文性、风

---

① 国务院. 全民健身条例 [Z]. 2009.
② 全国人大及其常委会. 中华人民共和国体育法 [Z]. 2022.

险性四方面。

（一）整合性

优秀运动员商业赞助需要与其他营销手段整合运用，才能产生较好的赞助效果。相比于大型体育赛事、体育俱乐部等其他赞助，优秀运动员商业赞助本身对企业来说没有直接的回报方式，因此也最需要配套激活才能达到营销的目的。如果企业对于优秀运动员商业赞助的整合性缺乏清楚的认识，没有采用整合营销方式，优秀运动员商业赞助策略很可能化为泡影。对品牌方而言，优秀运动员是整个品牌的核心价值体现，成功的体育赞助策略往往需要将公关、产品研发、促销和代言等整合起来，才能产生理想的赞助效果。

（二）长期性

优秀运动员的运动成绩往往决定着其知名度和影响力。很多年轻运动员因为几场比赛甚至是一个进球而声名鹊起，其人气和影响力也迅速蹿升，这时候就需要企业有着敏锐的嗅觉和市场洞察力，迅速做出决策，抓住转瞬即逝的商机，促成与形象出色、有较大潜力的运动员之间的长期合作。比如，耐克公司对篮球运动员易建联的商业赞助已经持续了近二十年，双方确立了长期而稳定的信赖合作关系。2022年知名运动品牌安德玛为34岁的NBA球星库里送上了终身赞助合同，安德玛公司更多的是看中库里职业生涯剩余的价值以及退役后的影响力。①

（三）人文性

与其他体育赞助如体育俱乐部赞助、体育场馆赞助等相比不同的

---

① 谭力文.体育大生意：库里与安德玛"约定终身"［EB/OL］.百家号，2022-09-15.

是，优秀运动员商业赞助除了商业性的一面，还体现出人文性的一面。在优秀运动员商业赞助中，香烟和烈性酒类产品一般作为赞助的排除对象，主要考虑产品与体育运动的健康理念不一致。此外，作为品牌赞助方，在意识到赞助对象的运动员伤病、竞技状态下滑带来风险性的同时，还应当适当体现对运动员的人文关怀，这样才能体现出双方患难与共、长久合作的诚意所在。比如，耐克公司与"飞人"刘翔之间的合作就很好地体现了人文性的一面。刘翔与耐克之间的合作始于 2002 年。十几年来，耐克一直伴随并助力刘翔，无论高峰还是低谷。2008 年 8月，北京奥运会上刘翔因伤退赛，耐克选择继续支持；2014 年 11 月，位于上海的耐克集团大中华区总部大楼——"刘翔中心"正式启用，这对刘翔及其家人来说是一个巨大的荣誉；2015 年 4 月，刘翔退役之际，耐克在官方微博上以"平凡也能飞翔"为主题向刘翔致敬，并以此激励年轻人追求梦想、勇于突破。①

（四）风险性

优秀运动员商业赞助具有较高的风险性，这些风险主要来源于运动员的训练与比赛状态和道德水平等层面。比如，运动员受到伤病侵袭导致竞技状态下滑、违规使用兴奋剂、出现球场暴力等丑闻都会给赞助品牌带来损失，而这些不确定因素通常难以预测，只能寄希望于赞助合同中的相关约束条款。比如，2008 年北京奥运会上，"飞人"刘翔 110 米栏的退赛给许多品牌赞助商带来了巨大的商业损失，不少赞助商选择与其解约。"环法七冠王"美国选手阿姆斯特朗因服用兴奋剂丑闻令其公

---

① 耐克媒体中心. 耐克以主题"平凡也能飞翔"向宣布退役的刘翔致敬［EB/OL］.中国网，2015-04-07.

众形象一落千丈，诸多赞助商纷纷与其解约以规避风险。此外，优秀运动员商业赞助的对象是运动员个体，容易与团体赞助、赛事赞助等发生冲突，特别是在运动服装、鞋类以及器械方面。①

第二节 优秀运动员商业赞助的法律依据

一、相关法律层面

（一）民法典

2021 年实施的《民法典》，立法目的在于保护民事主体的合法权益，调整民事关系，维护社会和经济秩序；主要调整平等主体的自然人、法人和非法人组织之间的人身关系和财产关系；确认民事权益受法律保护；确立了平等、自愿、公平、诚信等原则。《民法典》涉及体育赞助方面的规定，主要体现在合同编和侵权责任编当中。一是合同编。《民法典》在"第三编'合同'"一章中，列举了 18 种典型合同，并没有出现"赞助合同"的相关规定。然而，在第 467 条，关于"无名合同及涉外合同的法律适用"，没有明文规定的合同可以参照适用本编或者其他法律最相类似合同的规定。二是侵权责任编。民法典在"侵权责任编"中对侵权责任的规定。比如，在第 1165、1166 条，分别就过错责任原则和无过错责任原则进行了规定；第 1175 条，是对第三人过错的规定，即损害是因第三人造成的，第三人应当承担侵权责任；第

---

① 沈佳. 体育赞助［M］. 上海：复旦大学出版社，2012：110.

1185 条，是对侵害知识产权的赔偿责任规定，即故意侵害他人知识产权，情节严重的，被侵权人有权请求相应的惩罚性赔偿。

虽然民法典的"合同编"与"侵权责任编"未明确与优秀运动员商业赞助之间的关联，而对学术界倡导的"体育赞助合同有名化"以及化解实践中的优秀运动员商业赞助纠纷起到积极的指引作用。

（二）体育法

1995 年《体育法》对体育赞助的规定体现在第 41 条，国家鼓励企业、事业组织和社会团体自筹资金发展体育事业，鼓励组织和个人对体育事业捐赠和赞助。2022 年新修订的《体育法》对体育赞助方面的规定主要体现在第 52 条和第 78 条。在原《体育法》第 34 条的基础上，第 52 条增加了"未经体育赛事活动组织者等相关权利人许可，不得以营利为目的采集或者传播体育赛事活动现场图片、音视频等信息"的新内容；第 78 条，国家鼓励社会力量对体育事业的捐赠和赞助，充分保障参与主体的合法权益。

（三）商标法

《中华人民共和国商标法》（简称《商标法》）制定的目的在于加强商标管理，保护商标专用权，促使生产者、经营者保证商品和服务质量，维护商标信誉，促进社会主义市场经济的发展。由于优秀运动员商业赞助可能涉及隐性营销行为，对赛事组织方授权给赞助方的商标使用权产生一定的威胁，因此有必要援引《商标法》的规定。2019 年 11 月，修改后的新《商标法》正式施行。新《商标法》第 15 条，未经授权，代理人或者代表人以自己的名义将被代理人或者被代表人的商标进行注册，被代理人或者被代表人提出异议的，不予注册并禁止使用。

（四）广告法

《广告法》制定的目的在于规范广告活动，保护消费者的合法权益，促进广告业的健康发展，维护社会经济秩序。由于商业赞助与广告代言密切相关，优秀运动员商业赞助可能属于某种隐形广告，可以援引《广告法》的相关规定加以规制。2015 年新修订的《广告法》的第 4 条，广告不得含有虚假或者引人误解的内容，不得欺骗、误导消费者；第 5 条，广告主、广告经营者、广告发布者从事广告活动，应当遵守法律、法规，诚实信用，公平竞争。

（五）反不正当竞争法

《中华人民共和国反不正当竞争法》（简称《反不正当竞争法》）制定的目的在于鼓励和保护公平竞争，制止不正当竞争行为，保护经营者和消费者的合法权益。优秀运动员商业赞助可能引发隐性营销或混淆等行为，新修订的《反不正当竞争法》（2018）对"经营者的混淆行为"有着明确的规定，体现在第 6 条中。经营者不得实施下列混淆行为，引人误认为是他人商品或者与他人存在特定联系：擅自使用与他人有一定影响的商品名称、包装、装潢等相同或者近似的标识；擅自使用与他人有一定影响的企业名称、社会组织名称；擅自使用与他人有一定影响的域名主体部分、网站名称、网页等；其他足以引人误认为是他人商品或者与他人存在特定联系的混淆行为。

二、体育行政法规层面

体育行政法规方面的依据集中体现在《奥林匹克标志保护条例》和《全民健身条例》之中。2002 年，国务院颁布了《奥林匹克标志保护条例》，其中第 4 条明确，未经奥林匹克标志权利人许可，任何人不得为商业目的使用奥林匹克标志。第 6 条，利用与奥林匹克相关元素开展活动，足以引人误认为与奥林匹克标志权利人之间有赞助或者其他支持关系，构成不正当竞争行为的，依照我国《反不正当竞争法》处理。2009 年，国务院出台的《全民健身条例》第 6 条，国家鼓励对全民健身事业提供捐赠和赞助。自然人、法人或者其他组织对全民健身事业提供捐赠的，依法享受税收优惠。[①]

三、体育行业部门规章层面

1989 年《关于各直属企事业单位、单项体育协会通过体育广告、社会赞助所得的资金、物品管理暂行规定》中，就体育赞助的管理原则、经费管理、物品管理、财务管理做出了相关规定。[②] 1993 年颁布的《运动员使用运动营养补品管理暂行办法》中，对社会赞助运动员营养补品的范围和审批程序做出了详细规定，主要体现在第 11～13 条。[③] 1995 年颁布的《拳击运动竞赛管理办法》中也有相关条款。[④] 比如，在第 13 条，就"分级管理"做出了相关规定：一是如直接赞助中国奥委会或各个单项运动协会，可分别和中国奥委会或各个运动项目管理中心联系；二是如赞助各种赛事，可参照上述各项规定分别和该项赛事的合法举办者直接联系；三是如赞助运动队和运动员，应分别和其所在单

---

① 国务院. 全民健身条例［Z］. 2009.
② 国家体委. 各直属企事业单位、单项体育协会通过体育广告、社会赞助所得的资金、物品管理暂行规定［Z］. 1989.
③ 国家体委. 运动员使用运动营养补品管理暂行办法［Z］. 1993.
④ 拳击运动管理中心. 拳击运动竞赛管理办法［Z］. 1995.

位联系，国家队及队员应和所属运动项目管理中心联系，如赞助参加奥运会、亚运会代表团及其成员，应和中国奥委会器材装备委员会取得联系；四是如赞助职业体育俱乐部，可直接与该俱乐部取得联系，赞助专业或业余体育俱乐部，应与其主管体育部门取得联系。上述赞助事宜也可通过可靠的体育经纪人代理。1996 年《社会捐赠（赞助）运动员、教练员奖金、奖品管理暂行办法》中，就社会捐赠（赞助）的接受单位、分配方案、违规处罚等进行了规定。① 2000 年颁布的《全国性单项体育竞赛财务管理办法》就"体育赞助收入管理"进行了规定，主要体现在第 9、13、15 条。② 2006 年《关于对国家队运动员商业活动试行合同管理的通知》中强调，"特别是应当严格禁止运动员为烟草、酒类产品和企业进行宣传和推广等活动"，"各单位应当全面了解运动员进入国家队之前已经签署的商业合同情况，妥善处理好各方面关系，避免合同之间的冲突。同时要注意本项目运动员商业开发合同与中国奥委会、国际奥委会的整体开发计划和奥运会等重大赛事运动员商业开发合同的协调"，"若运动员离队，即本合同终止或期满，有可能出现与该运动员有关的商业开发协议仍有效的情形……要注意合同期限之间的协调，通过相应条款做出预案"。③ 2019 年国家体育总局《关于进一步规范商业开发活动的意见》中明确，与拟加入本项目国家队的运动员签署协议，运动员同意将自己国家队名义的肖像使用权让渡用于集体开发的，可获得一定比例的肖像权使用费或劳务费；运动员经单位同意，以

① 国家体委. 社会捐赠（赞助）运动员、教练员奖金、奖品管理暂行办法 [Z]. 1996.
② 国家体育总局. 全国性单项体育竞赛财务管理办法 [Z]. 2000.
③ 国家体育总局. 关于对国家队运动员商业活动试行合同管理的通知 [Z]. 2006.

个人名义从事商业开发活动的，其收入原则上全额归个人所有。①

此外，通过中国裁判文书网和北大法宝数据库检索发现，法院对优秀运动员商业赞助合同认定不够准确。比如，2007年，耐克（苏州）体育用品有限公司诉阿迪达斯（中国）有限公司、郑智等财产损害赔偿案中，法院依据原《合同法》第107条认定，将耐克公司与郑智之间的赞助合同类推为广告合同。实际上，商业赞助合同比广告合同复杂得多，商业赞助合同中也并不必然包含广告部分，运动员广告一般视为对赞助商赞助行为的回报，作为合同中的一部分。而在另一桩裁判案例——2014中国VS世界乒乓球团体挑战赛赞助合同（包括运动员赞助）中，司法机关依据原《合同法》第60、94、107、114条认定该赞助合同为买卖合同。② 根据前文对买卖行为的分析，将赞助合同视为买卖合同的做法失之偏颇。

综上来看，我国优秀运动员商业赞助立法方面不够充分。民法典"合同编"中缺乏"赞助合同"的明确规定，不仅影响对优秀运动员商业赞助的正确认识，而且影响实践中对优秀运动员商业赞助合同的适用；《体育法》中提及的赞助条款仅限于倡导性、原则性的规定；而《商标法》《反不正当竞争法》的相关规定属于义务性规范，趋向被动保护，难以对赞助利益主体积极赋权。③ 体育行业内部规章中，很多文件已经废止或无法适应新时期优秀运动员商业赞助的发展需要。实践

① 国家体育总局. 关于进一步规范商业开发活动的意见［Z］. 2019.
② 郭健宁. 体育赞助合同的法律适用问题研究［D］. 威海：山东大学，2020.
③ 温世扬，李运达. 民法典时代体育赞助法律关系的法理阐释、规范进路与制度供给：以《体育法》第三次修订为背景［J］. 武汉体育学院学报，2022，56（8）：42.

中，司法部门对优秀运动员商业赞助定性不准确，既影响国家司法的公正性与权威性，很大程度上也制约了优秀运动员商业赞助实践的运行和发展。

第三节 我国优秀运动员商业赞助的合同

一、优秀运动员商业赞助合同的基本条款

在签订运动员商业赞助合同时，重要的基本条款通常不可或缺。主要内容包括合同期限、最低酬金和奖励制度、免责条款、代言的产品、运动员的同意、运动员的出场宣传、争议解决、法律适用、合同的转让、签名产品和合同终止等。①

（一）合同期限

洽谈优秀运动员商业赞助合同时，首先需要考察该运动员目前的竞技状态以及评估其未来的发展空间。假如该运动员年纪尚轻，处于运动职业生涯的上升时期，其签署的赞助合同期限不宜过长，主要是为今后的商业价值开发和赞助合同谈判预留较大的上升空间。反过来，假设某运动员已处于职业生涯末期，其经纪人和律师团队应想方设法为其争取一份较长的赞助合同，这样既可以保证该运动员获得较为稳定的收益，又能排解运动员的后顾之忧。

---

① 黄世席. 奥运会参赛运动员赞助协议中的法律问题 [J]. 法学, 2008（4）：67-69.

（二）赞助薪酬和奖金

一份合理的优秀运动员商业赞助合同应包含该赞助的最低薪酬，根据该运动员的成绩表现和出席商业活动次数相关的奖金等事项。最低薪酬可以确保运动员获得最基本的赞助收入，而奖金则属于潜在的额外收入，目的在于激励运动员在体育竞赛中获得优异的运动成绩，增加赞助产品的曝光机会，提升赞助品牌的知名度与影响力。这种激励机制可根据运动员的比赛日程提前约定，也可依据该运动员的年终世界排名来决定奖金的具体数额，此外，也可根据运动员公开出席商业活动的次数来决定奖金的多少。

（三）免责条款

免责条款也应纳入优秀运动员商业赞助合同。与一般性商业合同中免责条款不同的是，如果第三方当事人因产品使用或质量等问题起诉赞助商时，免责条款可以最大程度保护优秀运动员的权益，而避免遭受赞助商和第三方当事人之间争议的影响。比如，赞助合同中约定赞助商公开出售明星签名的限量版球鞋，如果第三方当事人在购买并使用该球鞋后造成多次运动性伤害，那么其可以产品质量瑕疵或缺陷为诉讼理由，请求赞助商及签约优秀运动员承担法律责任。而之前签约合同中的免责条款就可以最大程度上发挥预防作用，让运动员置身事外，免遭争议牵连，而由赞助商单独承担赔偿责任。

（四）代言产品

明确受赞助运动员代言的产品种类及数量应是优秀运动员商业赞助合同中的必备条款。假如赞助合同中缺乏对运动员代言产品方面的明确规定，那么赞助商可能就合同中的模糊条款做出尽可能宽泛的解释，意在使运动员尽量多地参加相关产品代言活动。因此，对运动员及其经纪团队而言，明晰赞助合同中的代言产品，而且尽可能地减少部分代言是规避商业风险，维护个人良好形象的明智之举。比如，NBA勇士队球星汤普森为安踏代言的主打产品是球鞋系列，一个赛季参加球鞋推广活动的次数应被明确写入合同；如果赞助商安踏方面需要另行增加推广次数或其他产品，需要联系其经纪人以及征询汤普森本人的意见。

（五）运动员的同意

运动员的意思表示也是优秀运动员商业赞助合同中的应然条款。应当允许运动员及其经纪团队在赞助合同公开前对有关赞助条款进行全方位的审查，并取得运动员的完全同意。运动员同意条款对代言产品进入市场后所惹起的争议能够起到积极的预防作用。比如，运动员与商家在赞助合同中明确约定，商家可以利用运动员的个人肖像制作球星卡和球星玩偶这两类产品，如果商家擅自发行带有运动员头像的纪念衫，那么视为对运动员明确同意条款的违反，商家需要采取相应的补救措施，纾解违反赞助合同带来的不利后果。

（六）运动员的出场宣传

毫无疑问，品牌赞助商无一例外地期望签约运动员能够不遗余力地宣传自己的商品或服务。优秀运动员宣传的方式可能是产品现场签名、出席记者见面会、参加综艺活动等，不过，优秀运动员的出场次数应当限制在合理的范围之内，这样既能保证出场宣传的正面效果，又尽可能地减少对运动员训练及比赛的干扰。值得注意的是，优秀运动员及其经纪团队出场宣传所需的差旅费用、食宿费用一般由赞助商承担，但仍有必要在赞助合同中标明。

（七）争议解决和法律选择

争议解决与法律选择也是优秀运动员商业赞助合同中必不可少的条款。主要目的在于在赞助合同内容模糊、理解歧义等情形下，可以最大程度地维护运动员的合法权益。优秀运动员商业赞助合同应把仲裁作为争议解决的首选，因为仲裁具有成本低廉、快速高效的特点，也符合多数商业合同纠纷解决的惯例。关于法律适用问题，如果优秀运动员商业赞助合同具有涉外因素，比如，国外的赞助商、合同签订、履行地点均在国外等情况，此时对商业赞助合同法律条款的选择就需要格外小心谨慎。

（八）禁止转让条款

禁止转让条款是优秀运动员商业赞助合同应当高度重视的内容。此条款对于预防赞助商将合同的权利和义务全部或者部分转让给第三方发挥了重要作用。因为赞助合同中也涵盖了严格意义上的人身因素。尽管赞助商中途转让合同现象比较少见，但如果中途出现赞助商被兼并现象，那么"禁止转让条款"的作用就会显现，可以最大程度地保障运动员的合法权益。运动员可在原有商业赞助合同的基础上开启新一轮的谈判。

（九）签名产品

签名产品是指附有运动员可识别标签的相关产品。比如，球星签名的球鞋、网球拍、滑雪板等运动装备。如果该运动员非常年轻，且具有较大的发展潜力，赞助商计划在将来实际生产该运动员的签名产品，那么在优秀运动员商业赞助合同中商谈约定与签名产品有关的事项就显得尤为必要。而运动员可与赞助商约定将来投放运动员签名产品进入消费市场后的利润回报。比如，安踏体育用品公司在 NBA 总决赛期间适时推出了其签约球星——勇士队神射手汤普森的签名球鞋，球鞋销量火爆的同时，球星汤普森也会获得不菲的球鞋销售提成。

（十）合同终止

优秀运动员商业赞助合同会因合同履行结束而自动终止，也可能会因合同双方当事人的单方或双方的违约而终止。一方面，在下列情形下，运动员及其经纪团队有权提前终止赞助合同。比如，赞助商不按合同约定及时支付赞助费，或拖延交付运动装备、比赛用品，未能兑现比赛奖金承诺等。另一方面，赞助商有权在下列情形下终止签订的合同。比如，运动员因违规使用兴奋剂而被体育行业协会禁赛，或因其他不当行为受到法律制裁时。因此，在优秀运动员商业赞助合同中有必要纳入道德条款，详细规定在运动员违反国家法律、触犯社会公共利益、有悖体育精神等情形下，合同赞助商可以采取的措施，对于约束运动员的不当行为具有预警作用。

对优秀运动员而言，商业赞助合同的签订无疑是一笔潜在的巨大收入，远远高出其工资收入。然而，每一位优秀运动员的具体情况不尽相同，尤其是他们所从事的运动项目的市场化程度、现今成绩排名以及未来的职业发展等情况均不同。因此，用统一的格式合同来约束所有的赞助行为显然不切实际，需要根据实际情形协商一致制定而成。

二、我国优秀运动员商业赞助合同主体的冲突

目前学界对体育赞助的分类不一，按照对象来划分，主要有"三分法""四分法""五分法"几种。"三分法"是将体育赞助分为个人赞助、团体赞助与赛事赞助①；"四分法"是指各类体育赛事赞助、各级体育组织赞助、各项目运动队赞助、明星运动员赞助②；"五分法"是指场馆赞助、赛事赞助、联盟赞助、俱乐部赞助、运动员赞助。③就"三分法"而言，团体赞助包括了运动队和体育代表团两种类型的赞助，实际也是四分法。"五分法"中体育联盟和职业体育俱乐部均属于体育组织，而且二者之间的联系也比较紧密。一般来说，体育联盟代表的是作为投资人职业体育俱乐部的利益。因此，对优秀运动员商业赞助冲突的分析在参考上述分类的基础上，更应该根据实践中发生的具体问题来确定。本研究认为，优秀运动员商业赞助实践中与体育团体赞助、体育赛事赞助以及作为职业体育组织代表的体育联盟之间的冲突较为典型，宜进行重点分析。

（一）运动员个人合同与体育团体合同的冲突

本研究中的团体赞助对象主要是职业体育俱乐部、体育行业协会和体育代表团，运动员与上述团体之间的法律关系也相对复杂，后续会进行详细分析。如果优秀运动员个人赞助商与团体赞助商之间存在同业竞争关系，各自要求运动员为自己进行商业宣传，那么商业赞助冲突无法避免。比如，361°赞助商要求孙杨在内的签约运动员在训练比赛、接受媒体采访时穿着自己的品牌服装，而安踏却与游泳协会、中国体育代表团签约，安踏与体育代表团之间的赞助合同明文规定运动员上台领奖时必须身着安踏品牌服饰，因而造成孙杨领奖时"错穿"领奖服或虽穿

---

① 李建星. 体育赞助合同冲突的法律规制路径 [J]. 北京体育大学学报，2019，42（11）：119.

② 俞诚士. 体育赞助攻略 [M]. 石家庄：河北技术出版社，2007：23.

③ 沈佳. 体育赞助 [M]. 上海：复旦大学出版社，2012：1-3.

上指定领奖服，却遮住安踏标识的事件发生。

（二）运动员个人合同与体育赛事合同的冲突

企业或商家赞助运动员的初衷在于，希望赞助对象运动员能够有机会参加大型体育赛事，使得自身的产品或服务能够得到媒体更多的曝光机会。由此，优秀运动员商业赞助与体育赛事赞助之间的冲突通常情况也是赞助商之间存在竞争关系。比如，2017 年斯诺克中国公开赛发生在丁俊晖身上的"胸标风波"。

丁俊晖胸标风波案情：

2017 年 3 月 27 日，世界斯诺克中国公开赛上，球员丁俊晖受邀参赛，不过赛前热身时，赛事组织方发现丁俊晖的"恒大金服"的胸标与本次赛事冠名赞助商"北京银行"相冲突。丁俊晖认为自己在赶往比赛途中才接到通知，已经来不及更换，赛事组织方则是阻拦丁俊晖上场比赛，双方陷入僵持状态。后来经过相互协商，赛事方允许丁俊晖本场佩戴自己的胸标参赛，但后面必须更换为赛事赞助商的胸标。在因晚出场首局被判负的情况下，丁俊晖依旧取得本场比赛的胜利，在赛后媒体采访中表达了强烈的不满，表示会发律师函。后来世界台联对此做出回应，认为丁俊晖失望与惊讶的态度不可取，理由是他个人所佩戴的商标与赛事冠名赞助商的利益相冲突，而赛前所有的球员都签署了知情同意书，如果没有赛事赞助商的商业赞助，斯诺克比赛将无法正常举办，球员的个人赞助权益也无法得到保障。

通过查阅相关资料得知，斯诺克比赛赞助报备有明确的期限，时间最短为比赛前 21 天。丁俊晖及其经纪人很早（于 21 天之前）就向赛事组织方进行了报备，但一直没有收到对方否定性的答复。而后来根据相关消息透露，此次赛事赞助商是比赛 3 天前才正式确定下来的，因而造成了沟通成本增加与办赛的难度加大。作为赛事主办方有权保护赞助商的利益，但是临赛仓促的做法确实不够明智，因此，丁俊晖才是本次"胸标事件"的受害者（后赛事组织方并没有针对丁俊晖发表的言论追加处罚）。赛事组织方也建议运动员以赛季为周期，尽量多申报一些个人商业赞助品牌，而不是一场一场逐一替换。综合来看，无论是赛事组织方还是运动员方都应当吸取此次"胸标风波"的教训，提前披露与沟通双方的商业赞助信息，尽量在体育比赛报名前达成妥协与一致，避免因商业赞助合同冲突导致运动员无法参赛等情况的发生。

（三）运动员个人合同与职业体育联盟合同的冲突

职业体育联盟是由多个职业体育俱乐部联合组成，通过相关制度安排来促进各体育俱乐部之间竞争的相对平衡，达到实现整体效益最大化的经济组织。职业体育联盟赞助是集职业体育赛事、俱乐部、明星、场馆为一体的整合性赞助资源，其形式包括冠名赞助、合作伙伴、授权产品销售商和供应商等。职业体育俱乐部中的球员个人赞助与职业体育联盟赞助在推广过程中容易产生利益冲突。典型案例如 CBA 职业联赛中出现的郭艾伦的服装赞助冲突案。

郭艾伦服装赞助冲突案

按照 CBA 公司的要求，如果球员、教练员不及时缴纳罚款，将被实行禁赛处罚。2021 年 7 月，CBA 公司召集相关涉事人员举行了听证会，最终以"当事人存在减轻处罚的情形"为由，对郭艾伦的罚款数额进行了减免，停赛的处罚仅限于季前赛。

郭艾伦作为职业球员，CBA 联赛的招牌球星，在训练中和往返比赛途中先后多次违规穿着联赛竞品服装和配饰显得非常不职业。理由在于：参照前文 NBA 劳资协议"集体形象权——队服"条款规定，在任何 NBA 练习或比赛期间，包括热身和从更衣室到比赛场地途中，球员应穿着球队提供的队服，这里的"队服"包括所有服装和其他装备如护膝、护腕、头带等。

三、优秀运动员商业赞助合同冲突的归因

（一）利益主体的多元性

1989 年《关于国家体委各直属企事业单位、单项体育协会通过体育广告、社会赞助所得的资金、物品管理暂行规定》第 4 条，凡有条件组织体育广告、社会赞助的上述单位和协会，应在国家政策、法规许可范围内，本着自愿互利原则，为发展我国体育事业积极组织收入。禁止向企业摊派。各直属企事业单位、单项体育协会组织的体育广告、赞助收入归本单位、协会使用，主要用于该项事业任务，弥补事业经费的不足。因此，运动员、运动队、单项体育行业协会、体育代表团均可根据实际的利益需求，签订体育赞助合同。而职业体育中的体育联盟、体育俱乐部等主体同样存在接受商业赞助的需要。因此，各种利益主体之间的交织和碰撞、冲突和矛盾在所难免。

（二）体育赛事资源的有限性

体育赛事商业开发的关键要素在于优秀运动员，优秀运动员的参赛使得比赛更有看点，能够吸引高水准体育赛事转播的加入，更多的观众和粉丝群体观看自己喜爱的优秀运动员以及赛事。因此，更多企业或商家都希望利用大型体育赛事平台，寄托己方所赞助的运动员有更好的运

动表现，取得优异的比赛成绩，以此提高产品或服务知名度，展示企业品牌形象，这就使得体育赛事赞助成为各级赞助商争相追捧的对象。与商家对体育赛事赞助的多种需求相比，体育赛事赞助资源具有有限性，也正是这种资源的稀缺性，引发各方利益主体在商业赞助问题上的诸多矛盾。比如，2015 年中国羽毛球超级联赛，作为世界冠军、奥运冠军的林丹因为个人赞助商与联赛赞助商之间的竞品冲突，只能在场下"作壁上观"，甚至一度不得参与"羽超"联赛下的表演赛以及球迷见面会等活动。①

（三）赞助合同内容的排他性

由于合同的相对性，不同主体的利益诉求决定了合同内容具有排他性。对不同类型的赞助商而言，其利益诉求具有排他的一致性。体育赛事赞助商根据赛事赞助合同要求排他性地使用赛事专用标志，在赛事场馆及周边开展商业宣传活动。体育团体或职业俱乐部赞助商要求积极利用团队整体形象或部分明星队员进行商业宣传，而优秀运动员个人赞助商则要求运动员为自己的产品大力宣传，且注意防范竞争对手的各种隐性营销。如此，围绕不同利益主体签订的各类商业赞助合同，其内容方面必然具有排他性质。或者说，合同内容的排他性是不同利益主体多方赞助需求冲突的原因所在。

---

① 林丹再无缘羽超季后赛 因个人赞助商与联赛冲突 ［EB/OL］. 央广网，2015-06-16.

第四章

我国优秀运动员广告代言的法律治理

广告按性质分为公益广告和商业广告。本书中的"广告"是指商业广告。

明星在广告代言中的作用可分为三个层次：一是引起受众注意；二是劝诱受众模仿；三是强化受众信任。根据受众对明星广告形成信赖程度的差异，将明星广告分为提示广告、描述广告、劝诱广告和证言广告四种类型。[1] 参考 2015 年新《广告法》中的"广告代言人"——"广告主以外的，在广告中以自己的名义或者形象对商品、服务作推荐、证明的自然人、法人或者其他组织"对"广告"界定，本研究认为，优秀运动员广告代言主要指向劝诱广告和证言广告，因为现实生活中这两类广告对受众特别是消费者的消费行为影响较大，容易引发法律纠纷，作为代言人的优秀运动员需承担相应的法律责任。在此基础上，将优秀运动员广告代言界定为：顶尖运动员在商业广告中以个人名义或形象对商品、服务做推荐、证明的行为。

---

[1] 陈甦. 明星广告的广告责任分析［N］. 人民法院报，2007-04-19（5）.

第一节　优秀运动员广告代言的特性

一、优秀运动员广告代言的性质

关于优秀运动员广告代言的性质，目前学术界还存在一定的分歧，归纳起来，主要有代理行为、经营行为和独立行为三种代表性观点。

（一）代理行为

董正伟认为，优秀运动员广告代言类似充当商家或企业的代理人。具体而言，"代言"即指为代表的企业产品进行宣传、发言。因此，当优秀运动员用自己的形象、声誉和影响力等为企业产品代言时，便构成企业形象与商品质量的明示担保人，这相当于民法上的表见代理行为。优秀运动员在担任企业或商家形象代言人时，与代言企业构成一种"顾问"服务合同性质，这种合同具有民事代理法律关系性质。[①]

（二）经营行为

王新春认为，优秀运动员作为代言人，收取商家或企业的高额代言费用，其代言人身份实际相当于广告经营者，广告代言人始终会围绕着广告主运转，千方百计地为广告主服务，而始终对商品的任何缺点只字不提。[②] 另外，在新媒体环境下，优秀运动员广告代言与当前流行的直播带货行为存在交叉与重叠的部分，优秀运动员的身份既可以是广告代

---

① 董正伟. 明星"代言"的法律责任 [J]. 法人杂志，2007 (5)：59.
② 王新春. 论明星代言虚假广告的法律责任 [J]. 兰州商学院学报，2007 (6)：108.

言人，同时可能又属于广告经营者。①

（三）独立行为

邱宝昌、王丽萍认为，优秀运动员广告代言人是广告活动的主体之一以及重要的参与者，其代言行为是一种独立的法律行为。在商业广告中，广告代言人与广告主等主体共同构成广告活动，在商品或服务营销活动中发挥着十分重要的作用。优秀运动员作为广告代言人其身份不隶属于广告主，也不同于广告经营者或广告发布者，而是一个平等独立的民事主体，是广告活动中的重要参与者。②

综上来看，首先，"代理行为"的观点难以成立。因为"代言"中的"代"含义是"替、为"，"代言"也即替企业或商家说话，为产品做宣传，而不能曲解为"代理"。法律意义上的代理行为是指代理人在权限范围内以被代理人名义对第三人实施的民事法律行为。优秀运动员广告代言只是推荐和宣传商品或服务的行为，此行为本身也不会对产品生产者或者服务提供者产生某种法律效力。其次，"广告经营行为"的观点也存在理解偏差。此观点相当于将优秀运动员视为广告经营者，根据《广告法》第2条，广告经营者是指接受委托提供广告设计、制作、代理服务的自然人、法人或者其他组织。广告经营行为显然是广告经营者的职业行为与日常工作，虽然优秀运动员参与了广告的制作、创意过程，但认定其广告代言属于广告经营行为失之偏颇。最后，本研究认同"独立行为"的观点。理由在于："独立行为"观点符合《广告法》第

---

① 邱宝昌. 广告代言与"网红带货"中的法律责任 [J]. 中国市场监管研究，2020
　（5）：26-27.
② 邱宝昌，王丽萍. 对广告演员应尽义务的法律探讨 [J]. 中国工商管理研究，2001
　（6）：14.

2条，本法所称广告代言人，是指广告主以外的，在广告中以自己的名义或者形象对商品、服务作推荐、证明的自然人、法人或者其他组织。"以自己的名义或者形象"是优秀运动员作为广告代言人独立行为的具体体现。此外，独立行为又是相对的，因为优秀运动员广告代言行为过程中要与其他主体发生关联。一是与广告主、广告经营者、广告发布者之间产生联系；二是与消费者之间产生联系。第一种情形，优秀运动员与广告主等均为广告活动中的平等民事主体，优秀运动员与广告主之间构成劳务合同关系，优秀运动员为广告主提供的不是一般的劳务，而是特殊的产品或服务代言劳务，与广告经营者、广告发布者是一种协同合作关系，共同完成了整个产品或服务广告投放于市场的过程，最终与受众以及消费者见面。第二种情形，优秀运动员与消费者之间并非毫无关联的独立个体，而是具有内在关联的民事关系，二者的关系主要体现在利益与风险上。虽然优秀运动员代言费用由广告主直接承担，但这笔费用最终会转嫁到消费者身上；如果商品或服务本身存在缺陷或瑕疵，无疑会进一步加剧消费者使用缺陷商品或服务的风险。因此，依据利益与风险一致性原理，优秀运动员作为广告代言行为的受益者，理应承担因虚假广告代言行为所引发的法律风险。这一点，在《广告法》中得到了确认——"关系消费者生命健康的商品或者服务的虚假广告，造成消费者损害的，广告代言人应当与广告主承担连带责任。前款规定以外的商品或者服务的虚假广告，造成消费者损害的，广告代言人明知或者应知广告虚假仍设计、制作、代理、发布或者作推荐、证明的，应当与广告主承担连带责任。"

二、优秀运动员广告代言的主要特征

优秀运动员是运动成绩突出、具备较大商业开发价值和符合社会大众期待的顶尖运动员。优秀运动员广告代言与一般的演艺明星代言相比，主要呈现以下特征：

（一）运动员代言的一专多能性

顶尖运动员基于独特的身份特征和良好的气质形象，往往成为商家争抢代言的理想人选，运动员在运动训练与比赛中所展现出来的身体之美、运动技巧以及良好的精神风貌，契合一些商品或服务的特性，如体育器材与运动装备、运动型饮料、汽车、化妆品、保健品等。近年来，优秀运动员代言广告领域早已拓展至其他多个领域，形成跨界出圈代言现象，展现出运动员代言"一专多能"的特点，不过，运动员广告代言的风险也被无限放大，特别是在食品、保健品、金融产品等领域。①因为新《广告法》对上述产品代言的规定明显更为严格。

（二）运动员代言的受限性

运动员按照是否处于服役期限内，可分为在役运动员和退役运动员。尽管运动员广告代言在性质上属于私权行为，然而，举国体制下的专业运动员往往会受到运动队或所在单位的约束，因为基于举国体制下专业运动员的身份，其广告代言行为既不同于脱离现有体制的职业运动员，又有别于行为相对自由的娱乐明星，在役专业运动员的广告代言要受到一定的限制。比如，运动员代言广告的类别要得到运动队和所在单

---

① 朱体正，冯英飞. 新《广告法》背景下运动员广告代言责任问题研究 [J]. 首都体育学院学报，2017，29（1）：18.

位的审批、同意；体育经纪人的聘请往往也需要得到所在单位或运动队的认可，实际上还有很多运动项目管理中心的下设机构都扮演着运动员经纪人的角色，不利于运动员广告代言的市场化运作与长效发展。此外，运动员广告代言还会受到时空限制以及代言产品种类的限制。在时空限制上，比如，在大型体育赛事期间，为了防范官方赞助商外的隐性营销行为，参赛运动员被禁止为非赛事官方赞助商进行广告宣传活动。在产品种类限制上，烈性酒类产品代言不符合体育运动的健康行业形象。

（三）运动员代言收入的分割性

退役运动员的广告代言收入归属个人所有，而在役运动员的广告代言收入需要在个人、集体和国家之间进行比例分配，具体的分配比例需要参照国家体育总局制定的指导性文件，以及各运动队的内部规章和文件而定。比如，2001 年国家体育总局 46 号文件中，对运动员、教练员以及其他单位和个人的分配比例做出了原则性规定。2019 年《关于进一步规范商业开发活动的意见》中提及，鼓励运动员以个人名义从事商业开发行为，提高运动员的收入比例。从总的趋势来看，鼓励优秀运动员从事广告代言，提高优秀运动员在广告代言中分配比例，既有利于国家和集体获得运动员投资成本的回报，也能积极鼓励运动员创造更优异的运动成绩，争取更多的广告代言机会。

第二节　优秀运动员广告代言的法律依据

一、相关法律层面

（一）广告法

1994 年《广告法》第 38 条规定："违反本法规定，发布虚假广告，欺骗和误导消费者，使购买商品或接受服务的消费者的合法权益受到损害，由广告主依法承担民事责任，广告经营者、广告发布者明知或应知广告虚假仍然设计、制作、发布的，应当依法承担连带责任。广告经营者、广告发布者不能提供广告主的真实名称、地址，应当承担全部民事责任。社会团体或者其他组织在虚假广告中向消费者推荐商品或服务，使消费者的合法权益受到损害的，应当依法承担连带责任。"可见，原《广告法》中主要针对广告主、广告经营者等发布虚假广告导致消费者利益受损以及需要承担责任的规定，无法规制对包括优秀运动员在内的广告代言人。时移世易，2015 年新修订的《广告法》弥补了"广告代言人"方面的漏洞，条文主要体现在：一是在第一章"总则"里对"广告代言人"的界定。广告代言人是指广告主以外的，在广告中以自己的名义或者形象对商品、服务作推荐、证明的自然人、法人或者其他组织。二是在第三章"广告行为规范"中对广告代言提出了明确要求。新《广告法》第 38 条，广告代言人在广告中对商品、服务作推荐、证明，应当依据事实，符合本法和有关法律、行政法规规定，并不得为其未使用过的商品或者未接受过的服务作推荐、证明；不得利用不满十周岁的未成年人作为广告代言人；对在虚假广告中作推荐、证明受到行政处罚未满三年的自然人、法人或者其他组织，不得利用其作为广告代言人。三是增加了广告代言人法律责任的规定。在第五章第56条，关系消费者生命健康的商品或者服务的虚假广告，造成消费者损害的，广告代言人应当与广告主承担连带责任。前款规定以外的商品或者服务的虚假广告，造成消费者损害的，广告代言人明知或者应知广告虚假仍设计、制作、代理、发布或者作推荐、证明的，应当与广告主承担连带责任。第61条，代言人违规在医疗、药品、保健品、医疗器械广告中作推荐、证明的，为其未使用过的商品或者未接受过的服务作推荐、证明的，明知或者应知广告虚假仍在广告中对商品、服务作推荐、证明的，由市场监督管理部门没收违法所得，并处违法所得一倍以上二倍以下的罚款。可见，与旧《广告法》相比，新《广告法》的一大亮点是完善了广告代言制度，尤其对明星代言进行了严格限定。明星进行虚假广告代言的将被禁止代言三年，还将承担连带民事责任。关于"连带责任"，《民法典》第178条指出，连带责任是指二人以上依法承担连带责任的，权利人有权请求部分或者全部连带责任人承担责任。连带责任的份额根据责任大小加以确定；难以确定责任大小的，平均承担责任。实际超过个人份额之外的，有权向其他责任人追偿。

（二）产品、食品、药品法规

1.《中华人民共和国产品质量法》（简称《产品质量法》）的规定

制定《产品质量法》的目的在于加强对产品质量的监督管理，提高产品质量水平，明确产品质量责任，保护消费者的合法权益，维护社会经济秩序。2018年新修订的《产品质量法》针对优秀运动员广告代言的规制主要体现在第59条，在广告中对产品质量作虚假宣传，欺骗和误导消费者的，依照《广告法》的规定追究法律责任。

2. 《中华人民共和国食品安全法》（简称《食品安全法》）的规定

制定《食品安全法》的目的在于保证食品安全，保障公众身体健康和生命安全。2018年新修订的《食品安全法》关于食品广告方面，第73条，食品广告的内容应当真实合法，不得含有虚假内容，不得涉及疾病预防、治疗功能。食品生产经营者对食品广告内容的真实性、合法性负责。第140条，违反本法规定，在广告中对食品作虚假宣传，欺骗消费者，或者发布未取得批准文件、广告内容与批准文件不一致的保健食品广告的，依照《广告法》的规定给予处罚。广告经营者、发布者设计、制作、发布虚假食品广告，使消费者的合法权益受到损害的，应当与食品生产经营者承担连带责任。社会团体或者其他组织、个人在虚假广告或者其他虚假宣传中向消费者推荐食品，使消费者的合法权益受到损害的，应当与食品生产经营者承担连带责任。如果优秀运动员从事了虚假食品代言，造成消费者利益受损，将与生产经营者一起承担法律责任。第149条，违反本法规定，构成犯罪的，依法追究刑事责任。

3. 《中华人民共和国药品管理法》（简称《药品管理法》）的规定

制定《药品管理法》的目的在于加强药品管理，保证药品质量，保障公众用药安全和合法权益，保护和促进公众健康。2019年新修订的《药品管理法》涉及广告代言方面的条款主要体现在：第90条，药品广告的内容应当真实、合法，以国务院药品监督管理部门核准的药品说明书为准，不得含有虚假的内容。药品广告不得含有表示功效、安全性的断言或者保证；不得利用国家机关、科研单位、学术机构、行业协会或者专家、医师、患者等名义进行荐证。第 91 条，药品价格和广告，本法未作规定的，适用《中华人民共和国价格法》《中华人民共和国反垄断法》《反不正当竞争法》《中华人民共和国广告法》等规定。

（三）消费者权益保护法

《中华人民共和国消费者权益保护法》（简称《消费者权益保护法》）制定的目的在于保护消费者的合法权益，维护社会经济秩序，促进社会主义市场经济健康发展。该法调整的对象包括经营者的经营行为和消费者的消费行为。2014 年新《消费者权益保护法》正式施行，其中在第 45 条明确，社会团体或者其他组织、个人在关系消费者生命健康商品或者服务的虚假广告或者其他虚假宣传中向消费者推荐商品或者服务，造成消费者损害的，应当与提供该商品或者服务的经营者承担连带责任。

（四）竞争法

竞争法包括反垄断法和反不正当竞争法，这里主要是指后者。制定《反不正当竞争法》的目的在于促进社会主义市场经济健康发展，鼓励和保护公平竞争，制止不正当竞争行为，保护经营者和消费者的合法权益。2019 年新修订的《中华人民共和国反不正当竞争法》（以下简称《反不正当竞争法》）第 8 条，经营者不得对其商品的性能、功能、质量、销售状况、用户评价、曾获荣誉等作虚假或者引人误解的商业宣传，欺骗、误导消费者。经营者不得通过组织虚假交易等方式，帮助其他经营者进行虚假或者引人误解的商业宣传。

（五）刑法

《中华人民共和国刑法》（简称《刑法》）除了具有用刑罚同一切

犯罪行为做斗争，以保卫国家安全，保卫人民政权和社会主义制度，保护国有财产和集体财产的功能外，还具有保护公民私有财产，维护社会秩序与经济秩序的功能。现行《刑法》第222条对"虚假广告罪"进行了相关规定，广告主、广告经营者、广告发布者违反国家规定，利用广告对商品或者服务作虚假宣传，情节严重的，处二年以下有期徒刑或者拘役，并处或者单处罚金。而虚假广告罪的构成要件需要从客体要件、客观要件、主体要件和主观要件四方面加以认定。

二、体育行政法规层面

1987年国务院颁布《广告管理条例》，其中第3条，广告内容必须真实、健康、清晰、明白，不得以任何形式欺骗用户和消费者。第10条，禁止利用广播、电视、报刊为卷烟做广告。获国家、省部奖的优质名酒，经行政机关批准后，允许做广告。在第20条，对广告主和广告经营者违法使消费者受损，作出相应的赔偿责任规定。赔偿可请求行政机关处理或直接向人民法院起诉。① 条例对广告的内容、范围以及主体的法律责任做出了相关规定，不过还未出现广告代言主体的条款。

三、体育行业部门规章层面

1994年工商行政管理局发布的《广告审查标准》第17条，不得滥用公众对名人的信任感。聘用名人做广告宣传商品的使用效果，必须与其本人的真实使用情况相一致。② 标准中提及名人代言规制问题，但规

---

① 国务院. 广告管理条例［Z］. 1987.
② 国家工商行政管理局. 广告审查标准［Z］. 1994.

制的主体并不包括广告代言人。国家体育总局的内部规章也有运动员广告代言方面的规定。比如，1996年《关于加强在役运动员从事广告等经营活动管理的通知》中，在役运动员必须经组织批准，方可进行广告等经营活动。① 1998年《关于重申加强在役运动员从事广告等经营活动管理的通知》中明确，在役运动员广告活动须经项目管理中心审批同意后办理。管理中心与合作方签订协议，要明确各方的权利和义务，协议须报国家体育总局职能部门批准后方能生效。② 2001年《关于运动项目管理中心工作规范化有关问题的通知》中，加强对运动员广告行为的引导；对运动员广告的内容和形式进行必要的审查和监督；运动员广告收益分配问题。③ 2006年《关于对国家队运动员商业活动试行合同管理的通知》（已废止）中，实行运动员商业活动的合同管理……广告代言方面，应当严格禁止运动员为烟草、酒类产品和企业进行宣传和推广等活动。④ 2019年《关于进一步规范商业开发活动的意见》中，在不影响训练的前提下，经单位同意，可以自行或聘请经纪机构、经纪人，以个人名义从事商业开发行为。⑤

综上来看，优秀运动员广告代言涉及的法律法规众多，主要涵盖了经济法、行政法、竞争法、刑法等领域，在形成多重法律保护的同时，也给行政执法和司法认定带来了很大的考验。尽管2015年新《广告法》对优秀运动员在内的广告代言人做出了严格规定以及相应的处罚

---

① 国家体委. 加强在役运动员从事广告等经营活动管理的通知［Z］. 1996.
② 国家体委. 关于重申加强在役运动员从事广告等经营活动管理的通知［Z］. 1998.
③ 国家体育总局. 关于运动项目管理中心工作规范化有关问题的通知［Z］. 2001.
④ 国家体育总局. 关于对国家队运动员商业活动试行合同管理的通知［Z］. 2006.
⑤ 国家体育总局. 关于进一步规范商业开发活动的意见［Z］. 2019.

措施，不过，实践中优秀运动员广告代言仍然问题频发，引发不良社会影响。结合相关典型案例来看，执法与司法对于"虚假广告"的认定可能是个难题。

第三节　优秀运动员广告代言存在的主要问题

一、优秀运动员违法代言问题

这里的"违法代言"是指违反《广告法》等相关法律规定而发布的广告。新《广告法》中的"禁止性规定"有多处，主要体现在第9、10、13、15、16、18、22、23、25、38 条等。其中第 16 条和第 18 条明确，医疗及器械、药品、保健食品不得利用广告代言人作推荐、证明。然而在生活实践中，优秀运动员的违法事件时有发生。比如，优秀运动员郎某作为药品企业品牌形象大使，为莎普爱思眼药水代言，显然违反了《广告法》第 16 条的规定。第 25 条，招商等有投资回报预期的商品或者服务广告，应当对可能存在的风险以及风险责任承担有合理提示或者警示，并不得含有下列内容：利用学术机构、行业协会、专业人士、受益者的名义或者形象作推荐、证明。关于违法广告代言的处罚，《广告法》第 61 条，广告代言人在医疗、药品、医疗器械以及保健食品广告中作推荐、证明的，由市场监督管理部门没收违法所得，并处违法所得一倍以上二倍以下的罚款。当然，也有因优秀运动员自身行为违法而备受社会争议的广告代言案例，比如，游泳运动员孙杨代言汽车广告的案例。

孙杨代言"现代汽车"广告争议案：

2012 年伦敦奥运会，游泳运动员孙杨共获 2 金 1 银 1 铜，是我国在那届奥运会上获得奖牌最多的运动员，一时风光无限。奥运会后，孙杨为北京现代汽车进行广告代言。不少细心的网民发现，孙杨在为北京现代代言的汽车广告中就有驾车行驶镜头，为此质疑孙杨为现代汽车代言的广告涉嫌违反我国交通法的规定。面对网民的质疑，现代汽车方回应，选择孙杨代言是基于价值认同角度，即孙杨所展现的体育精神与品牌形象高度契合，与他本人没有驾驶证关系不大。该汽车广告属于正当宣传。不过，有关专家对现代汽车方的说法并不认同，央视名嘴白岩松在一档节目中采访了中国消费者协会律师团团长邱宝昌教授，邱教授认为，代言不是演戏，代言必须对商品和服务有所了解。根据广告法规定，广告要真实合法，孙杨作为驾驶者，却没有驾驶证，所以这个画面严重违反了法律法规。对此，行政部门可给予广告主、广告经营者等主体没收违法所得等处罚。浙江大学肖燕教授也表示，这一汽车代言广告很不妥当，某种意义上是对无证驾驶的放纵、暗示，甚至是鼓励。

针对孙杨的汽车代言广告争议，广告主和社会人士（包括专家、学者）各执一词。广告主认为汽车代言广告并非违法广告，主要基于：北京现代与孙杨的合作为"产品形象代言"，而非"驾驶者代言"。在代言产品全新胜达广告中，孙杨驾车的镜头均采用静态拍摄的方式（使用平板拖车移动拍摄）。在整个广告拍摄过程中，孙杨本人从未实际驾驶车辆。实际上，这种说法是无法站得住脚的。2013 年 11 月，孙杨因无证驾驶汽车，被杭州市公安交警部门罚款，并被行政拘留 7 日。

此事件直接印证了此前孙杨存在无证驾驶拍摄广告的可能。如前文所述，诸多广告代言不仅仅是代言人具有艺术性的表演行为，更起到证明、担保的作用。这一点，从国外明星代言的规制中可见一斑。如美国广告法规定广告代言人必须是"证言广告"和"明示担保"，即明星们必须是其所代言产品的直接使用者或受益者，而且广告中关于产品效果的部分必须有事实依据，否则就会被重罚。某电视主持人就曾因夸大代言产品的功效，被法院认定为违法广告，最终银铛入狱。以此来看孙杨的汽车代言争议案，孙杨未取得汽车驾驶证，根本不具有驾驶汽车的资质，无法形成对汽车广告的证言和担保作用，因其本身未取得驾驶证的违法行为构成违法广告。后来，2015年修订的新《广告法》也汲取了国外的规制经验，如第2条对广告代言人的界定；第38条，广告代言人在广告中对商品、服务作推荐、证明，应当依据事实，符合本法和有关法律、行政法规规定，并不得为其未使用过的商品或者未接受过的服务作推荐、证明。因此，该案对优秀运动员防范与规避类似的违法广告代言具有一定的警示作用。

二、优秀运动员违规代言问题

这里所谈的"违规代言"主要是指违反体育行业规范，与体育行业特点不符，有损体育精神的广告。比如，烟草类、烈性酒类广告既属于我国新《广告法》中典型的违禁广告，通常又被视为违反体育行业规定的广告。

比如，2001年国家体育总局《关于运动项目管理中心工作规范化有关问题的通知》中强调，加强对运动员广告行为的引导；运动项目管理中心要对运动员广告的内容和形式进行必要的审查和监督……广告内容和形式要努力体现我国体育健儿朝气蓬勃、健康向上的精神风貌。明令禁止利用运动员形象为烟草、酒类做广告，因为此类广告与运动员身份不相匹配，也影响体育行业风貌与形象。2006 年《关于对国家队运动员商业活动试行合同管理的通知》中强调，广告代言方面，应当严格禁止运动员为烟草、酒类产品和企业进行宣传和推广等活动。不过，2004 年雅典奥运会后，刘翔因不慎代言白沙烟草集团广告备受争议，最后广告也直接被禁播。主要在于优秀运动员代言烟草广告有误导青少年吸烟的倾向，不利于其身心健康成长，更不符合体育正面、积极、健康的行业形象。针对此条广告，杨立新教授认为，"鹤舞白沙、我心飞翔"属于"擦边广告"，即表面上是宣传企业文化，实际上是变相做烟草广告。《广告法》中关于禁止烟草广告的规定并未细化，导致商家有机可乘。此外，现实生活中还有"一品黄山，天高云淡""爱我中华""让心灵去旅行，杭州利群……"等烟草广告语。陈丽苹认为，认定是否属于烟草广告语需要考虑消费者的判断。"鹤舞白沙、我心飞翔"广告语自然而然地让消费者对白沙烟产生了联想，尽管广告中没有出现烟草产品的画面，但无疑在消费人群中起到了间接宣传的效果。① 本研究赞同这种看法。至于为何会出现运动员违规代言的情形，据悉起初和田管中心签订协议的一方是白沙文化传播公司，属于白沙烟草集团的子公司，而最后出现在广告中的却是"白沙集团"字样，白沙文化传播公司一方违反了诚实信用原则，涉嫌构成合同欺诈。关于烟草类广告的处罚，《广告法》第 57 条规定的主要措施是责令停止发布

---

① 涉嫌违法发布 刘翔代言白沙集团烟草广告被停播［EB/OL］. 大众网，2004-11-03.

广告，对广告主进行罚款，情节严重的，吊销营业执照。关于酒类广告的处罚，《广告法》第58条责令停止发布广告，责令广告主消除影响并对其进行罚款，情节严重的，可吊销营业执照。综上来看，《广告法》第57、58条主要是针对广告主做出的处罚规定，并未涉及广告代言人。如果优秀运动员出现此类违法代言情况，建议适用体育行业内部处罚，体现体育行业自治的特点。

三、优秀运动员虚假代言问题

虚假广告是指广告内容是虚假的或容易引人误解的广告。广告内容虚假是指实际提供的商品或者服务与广告宣传的内容与质量不相符；引人误解的广告是指受到广告宣传的影响，消费者对商品或服务的实际内容产生了错误的联想，进而影响其理性决策和购买行为。虚假广告从根本上来说违背了广告的真实性原则。

新《广告法》第4条，广告不得含有虚假或者引人误解的内容，不得欺骗、误导消费者；第28条，广告以虚假或者引人误解的内容欺骗、误导消费者的，构成虚假广告。并详细列举了虚假广告的五大类情形。新《广告法》通过此种列举的方式为生活实践中对虚假广告的识别提供了法律依据。根据《广告法》第38条第1款，广告代言人在广告中对商品、服务作推荐、证明，应当依据事实，符合本法和有关法律、行政法规规定，并不得为其未使用过的商品或者未接受过的服务作推荐、证明。违反第38条第1款规定，为其未使用过的商品或者服务作推荐、证明或明知、应知广告虚假仍在广告中对商品、服务作推荐、证明的，将适用《广告法》第61条对"广告代言人"的处罚规定，即由市场监督管理部门没收违法所得，并处违法所得一倍以上二倍以下的罚款。目前，优秀运动员涉嫌虚假代言的案例不在少数，这里选取林丹夫妇、潘晓婷代言案例加以进一步说明。

（一）林丹夫妇代言食用油风波

2014 年，律师许思龙在昆明某超市购买了一桶金龙鱼食用油。后仔细一看，发现该食用油为转基因系列产品。原因是该油桶上的两行小字标注为以转基因大豆、菜籽为原料加工而成。许思龙说，"字体如蚂蚁般大小，一时很难看清楚"，"转基因食品的安全性在整个国际社会存在极大的争论，其是否安全、是否有潜在危险至今尚无定论"。国务院《农业转基因生物安全管理条例》、农业部《农业转基因生物标识管理办法》明文规定：转基因食品应在产品标签上进行"明显""醒目"的标识。许思龙认为，生产商、销售商以极小的字体标注的做法，存在刻意隐瞒真相的主观意图，导致消费者无法有效识别，发生误购行为。[①] 因此，可认定此类型的食用油为存在缺陷的不合格产品。生产商和销售商违反相关法律法规，涉嫌欺诈行为。而林丹夫妇作为优秀运动员在广告中宣称"冠军家庭的选择"，自己却不食用该转基因油，此举已经涉嫌非法宣传和虚假代言。后来许思龙等人向法院提起诉讼，将金龙鱼厂家、销售商以及林丹夫妇均告上法庭。诉讼理由是：该广告侵犯了广大消费者的知情权，导致消费者的误购行为，原告请求退货退款，并追加精神损害赔偿，林丹夫妇作为被告需要承担连带责任。

依据国务院《农业转基因生物安全管理条例》和农业部《农业转

---

① 王文. 林丹代言被疑虚假宣传 商家回应称符合国家规定 [N]. 西安晚报，2014-09-15（003）.

基因生物标识管理办法》规定，转基因食品应"在产品标签的明显位置上标注"，标识应"明显""醒目"，但究竟应该标注在什么位置，用多大的字体，并没有给出明确的标准，从而给不法商家留下可乘之机，引发消费者的质疑与不满。不过，目前我国并没有禁止国家队优秀运动员食用转基因产品的法规，金龙鱼作为食用油和粮油供应商对北京奥运会及深圳大运会进行了独家赞助，从国际层面看，如奥运会、亚运会、世界大运会等国际或洲际赛事均未明确禁止使用转基因产品；同时，根据相关媒体的实地调查，林丹夫妇作为金龙鱼产品代言人，家中确实在食用金龙鱼粮油产品。因此，林丹夫妇此次代言基本做到真实陈述义务、信息披露义务以及负面清单禁止义务，符合国家法律的相关规定，不存在虚假代言情况。不过，此次风波也给优秀运动员广告代言提了个醒，对于食品类的代言需格外小心、谨慎，因为这毕竟涉及消费者生命健康与安全。2015年新修订的《广告法》中，对食品和药品领域的规制最为严厉，已经上升到刑事处罚的高度。

（二）潘晓婷代言理财产品纠纷案

2014年，台球运动员潘晓婷为"中晋系"投资理财产品代言。该广告中，配有"判断源自观察，更来自专业。我擅长规避风险！我是潘晓婷，我是中晋合伙人"的声音。2016年4月，"中晋系"理财产品出现"爆雷"现象，不少投资者资金被"套牢"。对此，不少受害人认为，产品代言人潘晓婷负有不可推卸的责任，自己是相信潘晓婷的广告代言才进行了投资，更有投资人聚集在潘晓婷所在的斯诺克球馆前要求其赔偿。赵先生是此次投资受害人之一，他表示，自己是出于对潘晓婷的信任才购买该款产品。于是，他将潘晓婷告上法庭，并提交了经过公证的广告视频，索赔经济损失 20 万元。潘晓婷方认为，在代言前，其经纪团队查看了公司的资质、信用等情况，履行了审查义务；自己代言的产品属实，并不存在虚假宣传行为。广告画面中"我是中晋合伙人"的声音属于合成而来，并非出自她本人之口，可委托相关机构进行鉴定。在"中晋系"理财产品问题曝光后，自己已主动退还全部代言费用，① 并积极配合公安机关调查取证。2020 年 8 月，上海第二中级法院审理认为，根据《广告法》第 56 条，广告代言人只有在明知或应知广告虚假仍代言的情况下，才与广告主一起承担连带责任。广告中的画面及声音等材料，不能作为潘晓婷在虚假广告中存在明知或应知的情况，更不能证明她与集资诈骗案之间的关联或串通行为。作为产品形象代言人，她履行了合理审查义务；此案中，应以普通人的注意义务作为其过错的衡量标准，因此，虚假广告代言的指控不能成立。因此，法院驳回赵先生的诉讼请求，此判决为终审判决。

近年来，优秀运动员代言金融产品、理财产品的不在少数，"爆雷"事件也是此起彼伏。"产品"一旦出现问题，投资人利益受损，监管部门需要在调查取证的基础上，再考虑追究广告代言人的责任。如果广告代言人在明知虚假广告的情形下仍进行代言，将承担相应的法律责任。民事责任方面，根据《广告法》第 56 条第（2）（3）款，关系消费者生命健康的商品或者服务的虚假广告，造成消费者损害的，其广告经营者、广告发布者、广告代言人应当与广告主承担连带责任。行政责任方面，《广告法》第 61 条，广告代言人有下列情形之一的，由市场

---

① 封聪颖．"九球天后"潘晓婷代言"中晋系"被诉，法院判无须承担赔偿责任［N］．南方都市报，2020-08-05（006）．

监督管理部门没收违法所得，并处违法所得一倍以上二倍以下的罚款；第38条第（3）款，对在虚假广告中作推荐、证明受到行政处罚未满三年的自然人、法人或者其他组织，不得利用其作为广告代言人。刑事责任方面，虽然我国《刑法》第222条规定了虚假广告罪，但并未将广告代言人纳入犯罪主体。如果广告代言人深度参与了集资诈骗活动，那么可能构成共同犯罪，将受到刑事处罚。本案中，潘晓婷在案发后主动退还了所有代言费，可视为其主动承担一定的连带责任，也获得了法院的认可。2021年1月，北京市朝阳金融纠纷调解中心《关于要求P2P网贷机构广告代言人配合落实风险化解责任的公告》中强调，作为公众人物的广告代言人存在过错的，将承担不可推卸的责任。由此可见，明星代言金融、理财类事件频出，风险很高，而作为优秀运动员更应该爱护自身形象，从中吸取教训。

综上来看，优秀运动员违法代言主要是指运动员违反现行《广告法》中不得利用代言人的禁止性规定以及与代言广告密切相关的违法行为。优秀运动员违规代言主要是运动员违反了体育行业规范从事的代言行为，主要体现在烟草类、烈性酒类产品。目前优秀运动员虚假代言问题较为严重，实践中有赖于工商、司法等部门对虚假广告进行认定，以及重视消费者的投诉与举报。

第四节　优秀运动员广告代言问题的归因

一、广告立法规定上的缺陷

新《广告法》中对"虚假广告"进行了定义，并列出了具体的类型；约束、限制广告代言人等规定体现了立法上的进步。不过，在法律责任规定方面仍存在一定的问题。比如，规定了广告代言人的民事责任和行政责任，但并没有刑事责任方面的规定。民事责任主要体现在《广告法》第56条的第（2）（3）款；关系消费者生命健康的商品或者服务的虚假广告，造成消费者损害的，其广告经营者、广告发布者、广告代言人应当与广告主承担连带责任。在民事责任承担上，也存在着认定标准模糊以及归责原则不明确的问题。比如，连带责任的性质是什么，如何在实践中对第56条第（3）款中的"明知"或"应知"进行认定；在归责原则上是适用过错原则、过错推定原则还是无过错原则，这些具体问题将直接影响对广告代言人责任的认定。关于行政责任，主要体现在第38条第（3）款和第61条。以第61条为例，市场监督管理部门对广告代言人的财产处罚规定过轻，仅为一倍以上二倍以下的罚款，实践中往往表现为广告代言人在退还代言费后基本免于其他处罚，存在违法代言成本低廉的现象，不利于规制虚假广告充斥的乱象。

二、广告市场执法力度的不足

实践中优秀运动员违法、违规广告的出现，虚假广告的泛滥，很大程度上归因于行政机关事前审查不严、事中监管不力。尽管新《广告法》在第71条、第72条对广告审查机关以及市场监督机关工作人员承担的法律责任进行了明确规定成分不全。有调查研究显示，近四成调查对象认为，虚假广告屡禁不止的主要原因是"行政监管不力"，而且表示出对行政部门的执法信任程度不高。① 究其原因，主要体现在执法资源上，一方面执法人手有限，难以应付数量众多的虚假广告；另一方面是执法的专业程度不够，难以识别纷繁芜杂的虚假广告类型。因此，广告执法机关往往是疲于应对，通常只能受理消费者举报频繁、反应强烈的广告或者上级部门督办的有重要影响的案件，缺少主动出击治理虚假广告的积极举措。

三、虚假广告司法认定的模糊

司法层面主要体现在法院的判决以及消费者的维权上。前面我们谈到立法上对民事责任承担上存在着认定标准模糊以及归责原则不明确等问题，因此，实践中由于法官的自由裁量权，通常会出现对优秀运动员虚假广告裁判出现同案不同判等现象，直接影响司法的权威性和公正性。比如，在潘晓婷代言"中晋理财产品"一案中，法院认为潘晓婷积极配合公安机关调查取证、及时退还代言费，免除了代言人在涉嫌虚

---

① 姚亮. 论名人代言虚假广告的法律规制 [D]. 上海：华东政法大学，2011.

假广告中应承担的法律责任。另外，从消费者维权的角度来看，对优秀运动员涉嫌虚假广告代言，消费者起初可能是通过消费者协会进行投诉，而最终的维权方式往往需要通过个人诉讼，其中的程序比较复杂，来回往返，费时费力不说，还得搜集各方面的证据，难度较大。即使最后赢得了诉讼，所获赔偿的金额可能还抵不上诉讼所需的费用，也就是说，维权时间较长，成本过高。另外，相对而言，消费者作为弱势群体，个人力量有限，自身的合法权益往往难以得到有效保障。

四、广告利益主体守法意识的淡薄

优秀运动员广告是市场经济下的产物。市场经济下商家或企业对产品使用价值的关心始终围绕着价值的追求与获得。优秀运动员广告代言活动中，存在同一链条上多方主体，同样服从于市场经济下追逐利益的共同属性。广告主需要通过广告发布实现商品的价值来追求利润最大化，而广告经营者和广告发布者也以营利为目的，依靠收取广告费来维持其生存与发展。因此，虚假广告的出现往往是单方主体或多方串谋、共同逐利的结果，其最终损害的是消费者的利益。少数优秀运动员作为广告代言人也存在急功近利的情况，经不起企业或商家高额代言费的诱惑，利用自己在"粉丝"中的声誉和号召力，不惜抛头露面，沦为商家的"鼓吹手"。当然，实践中也不排除不少商家利用运动员法律意识淡薄或者不懂法的情形，因为运动员经常忙于训练与比赛，参加商业活动时身边也缺乏可靠的体育经纪人。鉴于广告主在虚假广告代言中处于支配性地位，新《广告法》对广告主的规定较为严格，处罚力度也最大。对优秀运动员而言，作为市场经济下的理性人，应该在保持克制的前提下从事合法代言，切实履行真实陈述义务、信息披露义务以及负面清单禁止等义务。① 不过，现实中纯粹要求优秀运动员依靠自律和服从社会道德的约束来规避各种代言问题收效甚微。

---

① 苏昊. 运动员虚假广告代言的法律规制——新《广告法》的变革与超越 [J]. 武汉
体育学院学报，2018，52（11）：45-46.

第五章

国外优秀运动员商业行为治理的经验及比较

"他山之石，可以攻玉。"国外发达国家体育商业化氛围浓厚，优秀运动员商业行为十分广泛，涉及体育、经济、娱乐等领域，商业活动较为成熟。通过对国外优秀运动员商业行为总体状况的介绍，以及对商业赞助、广告代言治理经验的分享，可为我国优秀运动员商业行为治理提供宝贵的经验借鉴与现实启示。

第一节　优秀运动员商业行为的概况

一、优秀运动员商业行为的历史背景及开发

（一）优秀运动员商业行为的历史背景

以英国为例，公元 16 世纪前大众体育商业活动是以贵族为代表的上层人士以赞助形式支持业余体育俱乐部活动。16—17 世纪，随着商品经济的进一步发展，大众拥有更多的财力、充裕的时间去追求更高层次的娱乐活动，体育表演市场应运而生，商业性体育逐渐替代了原先的"乡村体育"和"绅士体育"。19 世纪后，大众的娱乐性消费逐渐取代

了过去上层人士的私人赞助，于是，组织化和规模化的商业比赛大量涌现，诸多商业体育俱乐部和职业运动员的出现就是这一发展时期下的必然产物。不过，囿于市场经济的不成熟，广告媒体欠发达、社会需求量有限等因素制约，这一时期的体育商业化尚不成熟，运动员商业行为受限。20世纪以来，商品经济日益发达，强大的市场需求成为体育商业化、职业化迅速发展的动因，体育比赛从商业化逐步过渡到职业化时期，商业赞助成为职业体育比赛的最重要的经费和收入来源，企业经营者意识到了体育运动广泛的广告效应，纷纷邀请优秀运动员作为其产品广告代言人，特别是借助电视广告媒体的宣传效应，极大地推动了体育与商业的融合，双方通过利益交换均获得丰厚的回报，优秀运动员商业行为步入历史的前台。美国的体育商业化经历了类似的发展过程，即从乡村体育到商业化体育，再走向职业化体育。美国的四大职业体育联盟可谓体育职业化的典范，另外，职业拳击、足球的商业化运作也非常成功，优秀运动员商业行为得到最大程度的发展和丰富。①

从英美优秀运动员商业行为源头来看，商业体育与职业体育的发展都是建立在发达的商品经济和市场经济基础之上，加上社会大众广泛的体育消费需求，自然会促进体育商业化的迅速发展，运动员无疑是这场商业化革命中最为耀眼的明星。

（二）优秀运动员的商业影响力及开发

1. 优秀运动员的商业影响力

由于现代竞技体育自身固有的魅力，加上与现代传媒的紧密结合，

---

① 张恩利，董晓龙. 美国运动员商业活动发展现状评析 [J]. 体育学刊，2009，16（11）：37.

大大增强了比赛的观赏性和传播性，也带动了以体育竞赛为主导、以运动员为核心的体育赞助业和体育广告业的迅速发展。

在商业性比赛中，我们经常看到运动员服装上各式各样的商标和印有冠名赞助商家的广告，很多顶尖运动员也是尽可能地在世界杯、奥运会等重大比赛中展示自己代言的商业品牌。赛场上，这些优秀运动员作为最受社会关注的公众人物，其形象、成就以及社会声誉具有极佳的宣传效应，顶尖运动员在体育竞赛活动中依托电视、互联网等媒体的大力宣传带来了巨大的商业价值，不少优秀运动员成为体育迷心目中的偶像，其言行举止都受到崇拜者争相效仿，对人们的生活产生了深刻影响。

2. 优秀运动员商业开发

（1）优秀运动员商业开发的影响因素

优秀运动员商业开发的影响因素主要包括七个方面：一是竞技体育成绩。从运动员无形资产价值来源来看，主要取决于由运动员所创造优异的运动成绩。一般来说，个人的运动成绩越优异，其拥有的无形资产市场开发的潜力也会越大。二是个人魅力（包括职业道德、社会声誉、商业形象等）。体育精神是运动员所应具有的职业精神和道德素养。敢于拼搏、不断进取、永远追求"更快、更高、更强、更团结"是体育精神的最高境界，而"公平竞争"则是竞技场上最起码的道德底线，两者相辅相成，有机统一。如果说运动员竞技成绩的优异充分体现了个人进取的职业精神，那么公平竞争则是运动员的基本道德要求。伴随职业道德而产生的形象、声誉作为运动员一项特殊的无形资产必将对运动员的商业活动产生巨大影响。此外，大众的审美价值观是商业广告不得不考虑的重要因素，像篮球明星乔丹、科比，足球明星贝克汉姆、C罗，网球选手库尔尼科娃、莎拉波娃等有着与生俱来的明星气质形象，是最受欢迎的天然广告代言人。三是自身的商业兴趣与经营头脑。优秀运动员除聘请体育经纪人全权代理自己的商业活动外，还会根据自己个人的爱好和兴趣主动参与到商业开发经营中去，从而获得更高的商业投资回报。英国足球明星贝克汉姆就不满足于商业广告代言，而是亲自参与了自己品牌男装的设计和营销，并想方设法地利用一切公开场合不失时机地宣传其产品。在商业发达的美国，NBA球星勒布朗·詹姆斯同样拥有过人的商业头脑，往往会利用自己的超高人气带来的产品宣传效应与商家进行谈判，变营销权为股权，从而实现与商家分享利润。四是对体育经纪人的选择。对优秀运动员而言，选择素质超群的经纪人团队是其商业开发成功的关键因素。经纪人和团队都会凭借自己敏感的商业嗅觉为运动员制订安排合理科学的活动计划。部分大牌优秀运动员甚至拥有数支不同的经纪团队，团队之间分工明确，围绕运动员制订详细的商业和社会活动计划。五是相关法律法规的管理规范。优秀运动员商业行为要受到法律规范的制约。一般地，体育产业发达国家政府干预运动员商业行为是较少的，运动员商业行为主要依靠市场手段进行自我调节与规范。六是社会道德习俗和公共利益。优秀运动员作为公众人物须时刻注意自己的言行，因为他们不仅是青少年崇拜和模仿的偶像，也是大众监督与评论的对象，更重要的是优秀运动员的个人言行在接受社会道德检阅的同时，也与自身商业行为相密切联系。七是特定群体的期望。比如，2002年姚明加盟NBA被称为"中国向美国最大的单笔出口"。

（2）优秀运动员商业开发的主体

国外运动员产权的归属相对比较明确，运动员自己投入、自己收益，即便是现役运动员也可以在劳动合同许可范围内自由地参加各种商业活动，并对所得合法收益具有支配权。这主要是因为国外运动员培养体制采用的是市场占主导的社会化运作机制：运动员利用各种社会资源对自己的生活、训练、比赛、商业活动负全责，包括聘请教练，租用训练设施，参加比赛和寻找合作经纪人各种支出等，都由运动员自己负担，运动员理所当然地取得了各项收益的支配权。也有一部分运动员是在大学、俱乐部、经纪人或经纪团体等法人及社会组织的挖掘和培养之下，结合个人的卓越天赋和后天的艰苦努力逐渐成名获利。质言之，这些社会组织也参与了运动员培养的运作过程，也是投资主体之一，自然也要求有相应的收益回报。收益的分配方式主要在当事人之间进行谈判、协商，最终在当事人自愿的基础上通过签订合同来约定解决。该合同不得是违背当事人意愿的不公平的格式合同或终身合同，否则将受到法律的严格审查甚至被判定为无效合同。由于这部分运动员多是业余运动员或学生运动员，与社会体育组织相比明显处于弱势地位，因此，国家和体育管理组织特别注意通过法律条款来保护他们的合法权益，使得合同到期后运动员能够取回自身收益的主导地位。

总之，国外运动员能够在体育商业活动中拥有独立的主体地位，较强的自我开发、经营、收益等经济意识，同时也在不同阶段和条件下受各种体育组织的影响与干预。

（3）体育经纪人的作用

运动员商业活动大致分为自身无形资产开发和有形资产的经营，其中绝大多数运动员依靠体育经纪人进行专业化的市场运作，对自身的无形资产进行科学、可持续的商业开发。以美国为例，许多运动员的背后往往有优秀经纪团队的支持，具体负责运动员的商业价值开发事务。由于运动员与体育经纪人完全是委托代理关系，在运动员的合法授权范围之内，体育经纪人可以做很多重要的工作，比如代理工作合同、管理比赛日程、商业形象开发、安排社会活动、帮助解决纠纷等，同时他们将会从运动员的所得收入中获得相应比例的提成。值得注意的是，经纪人安排的商业开发活动不会干扰运动员的正常训练，这是一条非常重要的代理原则。运动员与自己聘任的体育经纪人在根本利益上是一致的，二者必须相互信任、通力合作，在取得优异运动成绩的基础上，合理高效地开发运动员的商业价值。由此看来，国外体育经纪人在运动员商业活动开发中扮演着至关重要的角色。

（4）优秀运动员商业开发的成功案例

①"篮球飞人"——迈克尔·乔丹

乔丹依靠个人的超凡魅力将体育和商业完美结合。乔丹的第一份商业广告是和耐克公司签订的。耐克给出了十分优厚的报酬，并且表示将围绕乔丹形象，打造个人运动品牌，并可从每双运动鞋的销售中抽取部分提成。耐克公司设置特殊条款的诚意最终打动了乔丹，也开创了体育商业化的新模式。耐克借助乔丹及其"Air Jordan"品牌，一举成为全球最大的运动鞋用品公司，而乔丹本人，凭借着耐克的赞助支持，在NBA取得了巨大成功，商业行为十分丰富、内容多样。乔丹代言的产品包括耐克公司（乔丹系列）、MCI 移动电话、拉约瓦克电池、加托雷德饮料、弗兰克斯棒球场、汉内斯内衣、考奇皮制品、麦多林麦片、比简男士香水、阿普德克球星卡、奥克莱太阳眼镜、威尔逊体育用品、CBS体育网站、雪弗莱汽车、NBA娱乐公司、乔丹餐馆。除广告代言外，乔丹第3次选择在华盛顿奇才队复出，身份是球员兼球队小股东。2010年，乔丹收购夏洛特山猫队（今天的黄蜂队），正式成为球队老板。

②"跨界之王"——大卫·贝克汉姆

身为英格兰前国家队队长的贝克汉姆一年仅仅广告收入就能得到千万英镑。比如阿迪达斯服装、吉列男士剃须刀、TBC化妆品、百事可乐广告、移动电话广告，其中"POLICE"牌太阳镜广告更是成为贝克汉姆商业代言中最昂贵的单片广告。小贝代言电脑游戏、出任主角形象；与阿迪达斯公司达成协议，对方出资1亿英镑购得了他同企鹅合影的广告宣传画的肖像使用权。此外，他还自主创立了个人男装品牌，投资美国职业足球联盟迈阿密国际队。回顾贝克汉姆的整个运动生涯，他曾在英超曼联俱乐部效力，同时担任了英格兰足球国家队队长，之后转战西甲皇马俱乐部、远赴美国职业足球大联盟、进军法甲巴黎圣日耳曼，2013年，他还出任中超联赛国际形象大使，伴随个人职业生涯多次转会，其商业行为遍及欧洲、北美洲、亚洲，成为体育界、娱乐界和时尚界的宠儿。

③"NBA现役第一人"——勒布朗·詹姆斯

詹姆斯是NBA现役第一人，而且也是一位很成功的商人，很早之前他就开启了个人商业行为。在尚未进入NBA之前，他与耐克公司成功签约，成为品牌代言人。2015年，又收获耐克的终身合同。此外，他还更换了经纪人，组建LRMR营销公司；创办篮球技巧训练营，建立与年轻球员之间的联系；从当初代言 Beats 耳机，到转变思路，用营销权换取股权。据美国媒体 ESPN 报道，詹姆斯即将成为 10 亿美元的富翁。但其中只有 3 亿美金是从他的篮球生涯中获得的，其余的 7 亿美金都是来自他自主创立的品牌或者投资。截至目前，詹姆斯已经涉足了七大领域，且都非常成功，分别包括投资英超利物浦足球队、美国 MLB 波士顿红袜队、意大利 AC 米兰队；娱乐业方面，主演《空中大灌篮 2》、参加招牌节目《体育名人秀》；投资与经营餐饮和运动饮料等。①

④ "体坛头号女富商" ——大坂直美

网球运动员大坂直美 20 岁出头就崭露锋芒，先后斩获了 2018 年美网和 2019 年澳网单打冠军。2019 年，大坂直美与耐克公司成功签约，赞助合同费超过 1000 万美元，合同持续到 2025 年，值得一提的是，她在与耐克的代言合同中，获得了一个特别条款：允许衬衫或帽子上出现其他赞助商的标志。2020 年东京奥运会，全日本航空和日清集团皆与大坂直美签订了代言协议。据不完全统计，大坂直美有 15 个赞助商，包括日产汽车、宝洁公司、资生堂和尤尼克斯等全球品牌。2020 年福布斯全球运动员收入榜，大坂直美打破莎拉波娃和小威对"体坛头号女富商"长达 15 年的垄断，并大幅刷新了女运动员年度收入纪录。除了大量的代言收入，大坂直美还与多个品牌合作，以拥有股权方式参与公司利润分配，比如新兴运动饮料品牌 Body Armor 和 Hyperice。此外，她还购买了美国女子足球联赛北卡勇气队的股份，并在球队声明中解释

---

① 布莱恩·文霍斯特. 勒布朗·詹姆斯的商业帝国 [M]. 傅婧瑛，译. 广州：广东经济出版社，2021.

了自己的投资动机。①

二、优秀运动员商业行为的主要内容及特点

（一）优秀运动员商业行为的主要内容

运动员商业行为与体育商业化之间紧密相连，特别是竞技体育职业化更使优秀运动员商业行为日益频繁、呈现多样化。国外对优秀运动员商业行为的界定比较清晰，凡是经过合法登记、注册的优秀运动员（无论是业余运动员还是职业运动员）所从事的任何商业活动（不论是否与体育有关）都可被视为商业行为。一般地，优秀运动员参加职业性赛事或商业性赛事被认为是优秀运动员商业行为的应然内容，包括利用业余时间和从事职业体育活动的一切商业活动。国外优秀运动员商业行为范围十分广泛、内容相当丰富，几乎涉及整个社会生活领域的诸多方面。具体包括：商业化体育比赛、职业体育比赛、商业赞助、广告代言、出席商业仪式及慈善活动、参加商业性综艺节目（如颁奖晚会、明星访谈、综艺节目等）、跨界加入影视娱乐圈、投资经商等。综上来看，优秀运动员商业行为涉及经济、文化、体育等各个领域，通过委托代理、自主经营等形式直接或间接从事营利性活动，体育商业化氛围浓厚，运动员商业行为十分活跃。

（二）优秀运动员商业行为的特点

1. 媒体对运动员形象的积极宣传

运动员积极、正面的个人形象和社会美誉度是种无形资产，必须与

---

① ROTHENBERG B. Naomi Osaka：Her Journey to Finding Her Power and Her Voice ［M］. New York：Dutton Press，2024.

现代媒体实行联动，才能化无形为有形，实现自身的商业价值。运动员无形资产的开发及利用，媒体的宣传效应不可或缺。特别是现代媒体环境下的传播速度更快、对受众的影响力更强，有利于快速提升优秀运动员无形资产价值。国外许多优秀运动员的经纪人会精心筹划与巧妙安排优秀运动员与媒体接触的机会，以保持他们适当的曝光度。在美国，体育经纪人往往在运动员开启职业生涯之初，就教会他们如何与媒体有效沟通，积累强化良好的社会形象方面的经验。因此，帮助运动员通过媒体建立公众形象至关重要。

2. 运动员与企业的合作关系

运动员与企业之间的合作伙伴关系往往体现在商业赞助和广告代言方面。对于企业而言，运动员是能动性的、创造性的广告载体，能够强化大众对产品或服务的认同，从而有利于刺激消费活动，形成良好的经济收益。对于运动员而言，企业对其人格权的商业利用，可以将无形资产变为有形资产，有利于挖掘并实现其自身潜在的商业价值。因此，运动员与企业互惠互利的合作关系，双方唯有通力合作，才有可能形成双赢的局面。乔丹与耐克之间的合作就是个成功的典型案例。乔丹与耐克合作之初其实并不为外界所看好。因为当时的 NBA 是"魔术师"约翰逊与"大鸟"伯德的"黑白双雄"时代，因此，身为新秀的乔丹只是个配角。反观耐克公司，当初也只是个小鞋场，无法与锐步、匡威等知名企业相抗衡。但随着乔丹在 NBA 赛场大显身手以及在国际篮坛锋芒毕露，耐克公司的运动鞋销量一路攀升，企业的利润和知名度均得到大幅度提升，而乔丹的个人收入也是与日俱增，因为耐克方面预见了乔丹在篮球领域的巨大影响力，为他量身打造了著名的"Air Jordan"品牌，并给予他球鞋销售的提成。

3. 奥委会的大力支持

国外运动员很多坚持走业余路线，运动员与国家之间的关系并非人身依附关系。因此，运动员商业行为具有较大的自主权，也得益于本国奥委会给予的大力支持。以美国为例，美国奥委会工作的出发点都是围绕运动员而展开的。美国奥委会积极寻求企业与运动员合作的机会，鼓励企业在其商业活动中利用优秀运动员积极正面的形象来展现体育的独特魅力；美国奥委会承认运动员肖像权属于私权，因此在出征奥运会前，以签订合同的方式将运动员个人形象用于非商业用途。如果有赞助商请求使用运动员的肖像，须得到运动员的知情同意，并支付一定的许可使用费。奥委会还针对运动员商业行为管理给出了详细规定：运动员商业开发的机会需由所在单项协会和美国奥委会审查。如果未经审查和许可，将会影响其当下的信誉以及未来的参赛资格。对运动员商业开发方面的保护和限制主要是从奥委会的整体利益和运动员群体利益来权衡考虑的。除了职业运动员，美国国家队的其他运动员的商业开发均由运动员营销部统一管理。因为这一专业化的商务开发机构的存在，不仅可以保障运动员正常的训练与比赛不受干扰，而且进一步规范了运动员的商业行为。①

4. 商业行为的自由程度

国外优秀运动员商业行为领域广泛，在不触犯国家法律，不违背社会公序良俗前提下，国家基本上不作特殊限制。优秀运动员商业行为的

---

① 张恩利，董晓龙. 美国运动员商业活动发展现状评析 [J]. 体育学刊，2009，16 (11)：37-38.

形式主要是：一是体育赞助。20世纪70年代后，体育赞助逐步盛行，特别是1984年洛杉矶奥运会上，有着"梦之队"之称的美国男篮星光熠熠，"梦之队"的商业赞助同样引人关注，从球员的球衣、球鞋、运动饮料到领奖服无不烙上体育赞助的痕迹。二是商品广告。广告商通常通过体育传媒推介广告宣传自己的商品。不过，随着体育生活化方式的到来，与体育无关的产品也借助体育平台进行广告宣传。三是参加综艺节目。因比赛训练任务较重，很多现役运动员们往往以客串的形式参加综艺节目。热衷参与综艺节目的原因，不仅可以增加媒体曝光度，而且可以营造出走近大众的良好形象，有利于提升自己的代言身价。四是跨界娱乐。橄榄球明星迈克·斯特拉恩退役后尝试做节目主持，凭借出色的表现，成为美国新闻生活类节目最受欢迎的主持人之一。篮球明星科比退役后成立电影公司，拍摄的动画短片《亲爱的篮球》荣获奥斯卡最佳短片奖。[①] 优秀运动员商业行为内容广泛主要得益于整个社会普遍认同运动员商业行为属于个人私权，是正常合法的经济行为，是体育产业发展的重要力量和组成部分。

5. 商业行为的规范管理

一些经济发达国家的体育产业经过长期的市场孕育和激烈的市场竞争，逐步走向成熟，形成与市场经济相适应的法律法规，因而能够保障优秀运动员商业行为规范化发展。优秀运动员商业行为内容涉及了众多的法律领域，如金融法、劳动法、商标法、税法、联合会法、证券交易法规、反垄断法、破产法、许可证法和公司法等，这些法律法规对运动

---

① MARTIN K C. Embedding the Human Rights of Players in World Sport [J]. Journal of Sports and Entertainment Law, 2017, 27 (2): 5-7.

员商业行为起到切实保障作用。以美国为例，相关的法律法规体系十分完善，例如，1890年美国国家联邦的反垄断法《谢尔曼法》正式生效，1914年新反垄断法《克莱顿法》、1932年《诺里斯—拉瓜地亚法》、1935年《全国劳工关系法》、1961年颁布的《体育转播法》、1998年通过的《ADR法案》等。体育经纪人法规方面，美国许多州相继出台了规范体育经纪人的行为方面的管理法规，比如，得克萨斯州和阿巴拉马州的《运动员经纪人管理条例》、加利福尼亚州的《运动员经纪人法案》等。此外，许多州的民事法律可对运动员商业行为进行有效规制。

第二节 国内外优秀运动员商业行为管理的比较

一、体育管理体制对私权影响的比较

体育管理体制是一国实现体育总目标的基础，国家体育管理体制的差异直接导致了运动员商业活动管理思路和管理手段上的不同。现代社会中体育领域内的权力和利益通常归政府或社会（以各种体育社会组织为代表）所有，或者由二者分享。权力和利益的归属直接决定了体育管理体制的性质和形态。目前世界各国体育管理体制以权力的集中程度为标准大致可分为集权与分权两大类，具体又表现为三种形态：政府管理型、社团管理型和准行政机构管理型。

（一）国外体育管理体制对私权的影响

20世纪80年代以来，世界一些国家积极地推进体育管理体制改

革，改革的重点是调整政府在体育管理中的职能以及承担的任务，理顺政府与其他体育组织的关系，政府积极转变自己在体育管理中的角色，在管理方式上发生了根本性的转变。政府采取的最主要的改革措施就是将决策与执行分离，政府将管理的重点放在强化政策投入、法规调控以及宏观监督管理的职能上，将执行的任务和其他管理职能尽可能地转移给体育社团。国家体育政策的制定和实施、体育资源的配置以及体育管理工作完全由体育社会团体承担，充分保证体育管理的自治。此类管理体制的典型国家包括美国、意大利、德国、瑞典、挪威等。这种体育管理体制的特点为：第一，社团管理型体育管理体制根植于人们的体育兴趣与爱好，易于得到社会的广泛支持，有利于动员广泛的社会力量参与体育事务，充分发挥社会各界的积极性，真正体现社会各界的意志。第二，这种管理体制有利于促进体育产业的发展。社团管理型体育管理体制采用市场化的运行机制，使体育资源能够依据市场的机制得到合理配置，这最终有效地促进了体育产业的发展。第三，社团管理型体育管理体制在决策中体现了高度的民主性。第四，在社团管理型体育管理体制中，管理工作主要由志愿者承担，这有助于培养国民的奉献精神。这种管理体制存在的明显不足为：由于各体育社团组织分别代表了特定的利益群体，再加上沟通与协作方面不够协调，很可能在体育管理的收益分配方面发生争执。应该看到采用社会管理型体育管理体制的国家均是市场经济高度发达的国家，其自身拥有良好的社会组织基础。由于市场经济高度发达，体育社会团体依靠市场手段可以基本满足体育发展的经费需求，更重要的是国外的体育社会团体对体育实施高度自治的管理具有悠久的历史，已经形成了相对完善的管理体制及运行机制。

国外也有不少国家采用准行政机构管理型体制。所谓准行政机构管理型体制是指国家体育管理职能主要由准行政机构及体育社团承担的管理体制。尽管采用准行政机构管理型体制国家的政府也可能设立体育行政机构，但它只承担准行政机构主要领导人的任命和财政资助的职能，其他管理职能完全由准行政机构承担。准行政机构一般是由政府为完成特定管理任务而创立或接收的非常设机构。这类机构主要由政府提供经费去完成政府想完成又不便直接介入的管理任务。在管理上，政府一般制定专门的法规，明确规定这些机构的管理目标、责任、权力、工作任务等，属于此类体育管理体制的国家包括澳大利亚、英国、新西兰、西班牙、新加坡等。这种管理体制的特点是：第一，能够充分地体现政府意志。第二，由于采用了公司化的管理方式，有效地提高了工作效率。第三，准行政机构能够更有效地与各类体育组织沟通和合作。第四，准行政机构可以开展一定的体育经营活动。准行政机构管理型体制是对政府管理型体制的大胆革新，进一步分割政府管理的权力，以非政府常设机构的形式，建立起政府与社团管理权限的联结纽带。

总体来说，国外分权型体育管理体制改革呈现殊途同归现象。政府侧重于宏观管理和政策投入，体育社团承担事务性工作。政府与体育社团协会相互合作、相互协调与支持的结合性体育管理体制是国外体育管理体制改革的基本方向。在这种管理体制中，政府将决策权与执行权分离，其职能是"掌舵"，而不是"划桨"。政府一方面将自己不该管、管不了也管不好的职能移交给体育社团，另一方面则强化了法制化管理和宏观调控的职能。具体而言，政府的侧重点放在政策法规与体育发展战略的制定与实施、对体育的发展过程进行监督与控制、在不同的体育组织之间进行沟通与联络，体育的执行任务以及事务性工作则完全交由体育社团承担，形成了一个统分结合、各尽所能的高效率的体育管理机制，私权得到了充分的尊重与保障，并极大地促进了运动员商业行为的开展。

（二）我国体育管理体制对私权的影响

政府对体育事业、体育产业的垄断会降低体育公共服务的质量，不能满足人们多层次的体育需求，也容易滋生官僚主义与腐败现象。同时政府过多地介入体育事务性管理，容易限制体育社团参与体育管理的积极性和创造性，并造成其对政府经费支持的依赖。这种状况使得体育社团容易丧失自我生存、自我发展和自我造血功能，最终将严重限制体育的社会化发展。特别是在我国由计划经济向市场经济转变过程中，由于旧有管理的惯性思维，我国政府在体育管理中容易排斥市场机制，易陷入大量不该管、管不了也管不好的事务性工作，使宏观管理职能受到严重的削弱。正是在这种状况下，形成了政府权力对市场主体、运动员个体等私权的钳制和挤压。尽管 2018 年国务院 79 号文提出了"放管服"改革，[1] 但是从推进的实际效果来看，"管办分离"很多仅仅流于形式，运动员商业开发权仍然牢牢掌握在运动项目管理中心手中，而运动项目管理中心本身又是我国体育行政管理机构职能的延伸。因此，在现行体育管理体制下，运动员商业行为的空间仍然受到较大的限制。

（三）相关启示

首先，国外大多数市场经济国家都非常注重通过加强法律制度建设

---

① 国务院办公厅. 关于印发全国深化"放管服"改革转变政府职能电视电话会议重点任务分工方案的通知［Z］. 2018.

保护公民的体育权利。立法的主导精神应是保护公民私权利，监督政府公权力的行使。防范政府公权力的滥用，主要依靠法律制度明晰政府权力范围，规范管理行为；同时政府自身也较少介入和干预具体的体育管理事务，主要是利用市场机制，通过政策法规和经济调控等管理手段间接引导。

其次，改革后的我国体育管理体制仍然表现出较强的集权特征，体育行政部门垄断了竞技体育核心资源——运动员的注册与流动，体育场地设施的建设和使用，高水平体育赛事的参赛资格等。国家体育总局下属各运动项目管理中心掌控着本应属于体育社会团体的自治权。"大政府，小社会""强权力，弱权利"的悬殊对比令体育社团失去了对体育事务的参与权和话语权，体育行政权力形成了对运动员商业行为的渗透和管控。

最后，运动员商业行为的诸多困境在社会管理型体制下较少出现，即使存在也能得到妥善与合理解决，这是因为人们对体育来源于社会，服务于社会的认识，以及体育的发展与变革是社会变迁体现的理解。此种思路下，一些国家的政府部门被赋予体育管理职能源于公民部分私权利的让渡，社会权力理所应当取得体育管理的主导地位。在此基础上，政府公权力的行使需以维护公民的合法权利为前提，法律制度成为国家与社会权利义务分配的"协议书"，也是解决运动员商业行为纠纷的根本保障。

二、竞技体育管理组织体系的比较

（一）国外竞技体育管理的组织体系

国外体育发达国家出于历史和文化等原因，特别是伴随市场经济的发展与成熟,体育社会团体不仅有着坚实的社会基础,而且自身也有着很强的生存发展能力和较为完善的管理与运行机制。体育社会组织理所当然取得发展体育的主导地位。由于体育团体是合法登记的社团法人组织,民间性是国外体育社团管理的最大特征。体育社会团体不但可以具体地经营和管理体育商业活动,更能够作为市场经济的主体与其他平等主体一样遵守市场机制,依法推动体育社会化和市场化的顺利发展。在国外,运动员商业活动基本属于私人行为,牵涉到的相关利益主体也大多是平等法律地位的个人、企业、社会组织等,他们之间的利益纠纷完全可以在既有法律框架内解决。政府一般不会干预具体体育事务的管理,本质上这也是法律划定行政权力的行为禁区。针对政府与体育社会组织权力分割的困境,国外的成功经验是始终坚持法治化管理,运用合同形式实现分权。20世纪80年代中期以来,西方发达国家在向地方政府和体育社团分权的同时,努力调整中央政府与地方政府以及政府和体育社团的关系。目前在大多数西方发达国家,中央政府与地方政府的关系、政府与体育社团的关系都是法律关系,而不是直接管理关系,这种关系的重要标志就是政府侧重国家体育发展目标的确立,政府往往围绕自己的主要政策目标与体育社团签订协议,体育社团只有达到政府的政策标准,实现了政府为其规定的任务,才能获得政府的经费资助。这使得体育社团及其他体育组织能够充分发挥自己的优势与创造性,提高体育管理的整体效益。

(二) 我国竞技体育管理的组织体系

我国体育管理组织系统是由政府体育管理系统和社会体育管理系统两个子系统组成的。政府体育管理系统是以各级体育行政部门为主体,政府其他行政部门下设的体育管理机构共同组成的行政管理系统，如各级体育局、教育部下设的体育卫生司等。社会体育管理系统是由从事体育管理工作的社会组织构成的，包括中华全国体育总会系统、中国奥委会系统、体育科学学会系统以及"工青妇"等群众性组织下设的体育管理部门。如此看来我国体育管理体制似乎具备了结合型管理的特征。实际上我国专门从事社会体育管理的组织机构不具备任何实质性管理职能，仅仅是以社会团体的形式挂靠在国家各级体育行政部门之下，其内部工作人员都是由国家指派的行政管理人员，这是典型的"一套班子，两块牌子"。体育体制改革以来，我国体育管理观念开始发生转变：政府由"办体育"向"管体育"转变，开始走向宏观管理。社会体育先行一步，政府部门实行部分权力转移，积极鼓励和引导民间社会团体自我发展，自我管理。与之相反，竞技体育的职能转变则较为迟缓，直到20世纪90年代以后，我国竞技体育的宏观管理体制发生了较大的变化。以运动项目协会实体化为目标，将以前有名无实的各单项协会逐步改组为具有法人资格的社会团体并负责各自项目的发展和主要业务管理。值得深思的是，所谓运动项目协会实体化并不是走表面的法律认定程序，仅仅在民政部门独立注册获得社团法人资格，而实质性的管理权力没有发生转移或是变相收回的做法并非解决问题的正确路径。1995年《体育法》第40条规定，全国性的单项体育协会管理该运动的普及与提高工作。[①] 2022年6月，新修订的《体育法》在第65条明确，全国性单项体育协会负责相应项目的普及与提高，制定相应项目技术规

---

① 全国人大及其常委会. 中华人民共和国体育法 [Z]. 1995.

范、竞赛规则、团体标准，规范体育赛事活动。① 如此看来，单项体育协会的管理权是基于我国立法机关的合法授权而来，应尽快缩减作为体育行政机关延伸机构——运动项目管理中心过渡存在的时间。

（三）相关启示

国外通过协议化这种法律形式来划分政府与社会的体育管理权力值得我们学习和借鉴。依法治国已经成为我国建设法治国家的基本方略，法律是发展社会主义市场经济的有效保障，一味沿用行政思维干预优秀运动员商业行为的具体事务是不可取的。发展体育产业、建设体育强国不仅是国家层面的任务，更是社会层面的权力与责任，体育社会团体代表着社会的授权与期望，在接受政府部门监督与管理的前提下，在享有合法的自治权的基础上，充分利用社会资本，发挥自我建构能力，妥善处理运动员商业开发事务以及合理解决竞技体育内部纠纷。

三、优秀运动员商业行为管理的比较

现代体育的和谐发展有赖于竞技体育和社会体育的有机统一、相互促进以及共同发展。竞技体育走向社会化是体育发展的必经历程，其中必然伴随着体育商业化。可以说，体育商业化属于一种普遍的社会现象，是市场经济发展下的必然产物。

（一）国外优秀运动员商业行为的管理

国外很少存在国家包办体育的情形，在运动员商业行为管理方面基本采取不干预的态度。但是在代表国家队参加如奥运会等世界大赛时会

---

① 全国人大及其常委会. 中华人民共和国体育法［Z］. 2022.

与运动员签订赛事期间的商业活动管理协议，这是因为奥运会等大型赛事的主赞助商坚持的是广告排他性原则，当运动员个人的商业广告与赛会广告发生冲突时，运动员须选择妥协，否则很难顺利参赛。尽管这只是赛事期间的暂时协议，但运动员也经常会因为陷入两难境地而发生纠纷，毕竟在世界大赛曝光是运动员闪光也是最有商业价值的机会。虽然国内体育管理组织会给予一定经济补偿，但这与运动员长期以来的自我投入及企业商家高额的赞助费是不成正比的。为了保护和平衡各方主体的利益，如美国奥委会就在其组织结构内下设一个负责运动员奥运会期间商业活动经营和管理的部门，它的主要任务是帮助运动员合法开发奥运会期间的商业价值。一方面，通过专业的商业经营管理，与运动员联合开发奥运会的无形资源，为个人和奥委会双方带来双赢的利益；另一方面也可以解决运动员与奥委会各自在奥运商业开发中的经济纠纷和侵权纠纷。简单有效的办法是双方签订协议，约定各方的权利义务，在合同有效期限内，共同努力，争取双赢。[①] 上述是国外在面临运动员与体育管理部门商业活动纠纷时解决问题的思路之一。更为重要的是，合同协议的各方必须地位平等，自愿签署。国外市场经济相对发达，运动员商业活动纠纷多与职业体育管理相关，因此，相关法律规范更多的是体现在专门的职业体育立法以及与此相关的垄断法与反垄断法之中。此外，大量体育经纪人法律法规的出现，正是国家通过立法对运动员商业行为规范、引导的结果。[②]

---

① DAVID P. Collective Bargaining in Sport：Challenges and Benefits ［J］. UCL Journal of Law and Jurisprudence，2015，4（1）：189.

② MITTEN M J. Athlete Eligibility Requirements and Legal Protection of Sports Participation Opportunities ［J］. Marquette Law Scholarly Commons，2018（8）：101.

（二）我国优秀运动员商业行为的管理

近年来，我国运动员商业行为发展十分迅速，社会各界对这一现象存在不同的认识，也导致体育管理部门在处理类似问题上面临着诸多困难与巨大压力。国内出现的"田亮事件""宁泽涛事件""亚运领奖服事件"等典型纠纷不但引起了社会的广泛关注，而且深深地击中了我国体育管理体制的核心要害，如不妥善解决这一问题，未来我国体育事业、产业的发展将面临更大的困境。欣喜的是，从2019年国家体育总局下发《关于进一步规范商业开发活动的意见》来看，我国体育行政管理部门对于国家队运动员从事商业行为较之以往有了较明显的态度转变，很大程度上得益于两点：一是《民法典》的出台，突出了自然人人格权的商业利用，为优秀运动员商业行为提供了有力的法律支撑。二是国家已经明确未来将推动体育产业作为国民经济的支柱性产业。不过，体育行政管理部门对运动员因商业行为而耽误正常训练，影响比赛成绩的担心始终存在。运动员从事商业活动必须经过运动项目管理中心和所在运动队的批准同意，而且原则上不允许运动员拥有自己的经纪人或经纪团队，不允许运动员私自签署与运动队或体育代表团相抵触的协议。因为在体育行政管理者看来，国家队运动员的身份和使命决定了其必须将国家利益置于首位。不过，从运动员角度来看，除了刻苦训练与比赛，实现为国争光的目标外，运动员在训练与比赛之余可以有个人利益与追求，从事商业行为既可实现个人无形资产向有形资产的转化与利用，也为退役后的人生发展奠定良好的物质基础。因此，我国体育行政管理部门对现役运动员特别是国家队运动员商业行为的严格管控正是运动员个人利益与国家利益冲突的原因。

（三）相关启示

从国外体育管理部门对运动员商业行为管理来看，体育管理部门能够设身处地从运动员的利益角度出发，通过平等协商，进行体制内的结构创新以及管理思维的转变。国外体育管理部门平等自愿的契约化管理理念与合同适用是我国体育管理部门应该迫切思考与积极转变的现实问题。此外，逐步改变政府包办运动员培养的单一模式，扩大社会资本的培养路径，有利于实现运动员产权归属清晰化、产权交易市场化、产权保护法律化，从而有利于实现国家利益、社会公共利益与运动员个人利益的协调一致与相对平衡。

第三节　国外优秀运动员商业赞助治理的经验

一、优秀运动员商业赞助的治理经验

（一）美国优秀运动员商业赞助治理的经验

美国奥委会规则并未就优秀运动员个人赞助做出明确性规定，对于优秀运动员个人赞助与单项体育协会赞助之间冲突解决的具体办法，主要依据的是国家队的管理规定或单项体育协会自治章程。因为各单项体育协会具有规则制定权和解释权，所以，美国奥委会应当尊重各单项体育协会的选择。一旦某运动员被运动队或者体育协会除名，其商业利益必将损失惨重。因为他失去的不仅仅是参赛机会，还有接受企业赞助、获得比赛奖金的机会。

1. 美国篮协与"梦之队"球员间的赞助合同条款

第 4 条规定，作为国家队的一员，本人同意篮协有权在全球范围内商业性使用我的姓名、声音、肖像等可识别的特征，以及用于与球队活动、篮球协会相关的宣传与广告活动，具体可包括各类公共关系和市场开拓活动，但不推崇对任何产品或服务直接代言。作为国家队一员，本人同意美国篮协有权在全球范围内为商业目的使用（并授权他人使用）本人的姓名、生平、签名、声音、肖像及其他可辨认的特征。第 5 条规定：（1）篮球协会的赞助商只能在"团队"的前提下使用球员特征，即每项物品上至少要显示 5 名球员的特征。特殊说明奖品的例外。其中的奖品是指附有篮球协会标志或球员个性特征的产品，并将以低价出售或赠送的方式派发。（2）一是赞助商将被允许使用至少包含球队 5 名队员单张照片或一组不突出任何个人的类似照片或其他展现其作为篮协赞助商事实的宣传活动。二是赞助商可以播电视广告形式来展示篮协 5 名以上球员，但是赞助商的名称、促销的产品不得与球队的标识同时出现，而且禁止覆盖于球员肖像之上。（3）有关奖品事项：一是赞助商可以使用带有球员个人特征的产品。前提是至少要包括 5 名球员的肖像，而且只能以部分形式体现。二是赞助商可以使用球员个人特征的海报、徽章、纸牌、电话卡等，但要符合以下条件：如果球员在正式加入球队之前，已有赞助协议的，且与篮球协会赞助商的产品相冲突，球员需将赞助商的标识在附有自己个人特征的上述产品上移除，而赞助商版权和纸牌生产商的商标标识可被允许出现。而美国篮球协会有义务以书面形式告知球员所列的产品类别，以及将来赞助协议中可能会增加的产品类别。与篮球协会存在冲突的赞助协议，需要在 30 天内说明并提交相应的证据，以及对球员个人赞助协议的条款进行修改。（4）美国篮球协会一般禁止赞助商在鞋类产品中使用球员特征。①

2. 美国滑雪与滑板协会的商业赞助规则

美国滑雪与滑板协会（USSA）与赞助商或官方供应商签订有关赞助、运动器材以及广告等问题的合同，合同中任何报酬所得都必须上交给 USSA，如果协会所属运动员同时也是 USSA 赞助商的个人赞助成员，那么其个人所得的报酬需在合理的范围内。根据国际滑雪联合会的相关规定，运动员参赛时运动器材上的商业标记须带有生产厂家的商业标记，且与厂家公开出售的器材保持完全一致。而且，运动器材必须符合比赛规定的尺寸，这些产品包括滑雪板、护目镜、头盔、绑带、衣服、帽子、靴子等。如无特殊规定，运动员所穿的衣服、所用的护腿或者护腕等，不得与赞助厂家的标记相冲突。

USSA 现有规则下对 3 个以上运动员做集体广告没有任何限制，针对单个运动员，只有在获得 USSA 许可的前提下，其姓名、肖像等个人特征才能被用于广告目的。单个运动员一般只能为 USSA 的供应商做广告，而且该产品还必须是运动员从事该项目的必备物品。如果运动员希望为其他赞助商做广告，必须首先得到 USSA 的同意，而且 USSA 对运动员广告有着严格的限制，如禁止任何酒精类、麻醉品或烟草广告，禁止任何有关种族歧视的广告等。

在运动员管理和处罚方面，USSA 有负责运动员广告的专门小组；轻微的违规行为将会受到警告处罚；情节严重的，可能会被 USSA 立刻

---

① 韩勇. 体育与法律：体育纠纷案例评析 [M]. 北京：人民体育出版社，2006：176-179.

除名。不过，被除名不是永久性的，也有相关的补救措施，如在规定期限届满后或获得 USSA 特别许可，重新申请获得会员资格。在未经运动员同意的情况下，如果赞助商擅自在产品宣传或广告中使用该运动员姓名、肖像等人格特征，那么运动员可在 USSA 律师帮助下采取维权行动。①

（二）英国优秀运动员商业赞助治理的经验

英超联盟为所有参加职业联赛的俱乐部和球员制定了格式合同，合同约定：（1）球员允许俱乐部将自己作为俱乐部和球队的成员使用个人的照片，并保证只用于俱乐部的官方宣传。俱乐部有权在球员穿上俱乐部的球衣的比赛中进行拍照。球员要以俱乐部利益为重，履行作为球员的职责。（2）球员要对公共媒体上的形象负责，保证未损害此项运动的声誉。俱乐部允许球员进行商业宣传与推广，但禁止从事可能危害体育形象的行为，并保证未对俱乐部的产品形成冲击。（3）球员出席公众场合应该事先通知俱乐部，在俱乐部的批准下可以作为俱乐部的代表。

"球员雇佣合同"第 4 条涉及优秀运动员形象商业化利用的有关条款，该条款对优秀运动员商业赞助行为进行了规范。根据条款的规定，球员进入英超联盟后，其接受赞助的商标和代言产品不得与俱乐部的两个主要赞助商或商业合作伙伴的商标或产品相抵触，以及禁止与英超联盟最主要赞助商的商标和产品发生冲突，但是，球员加入英超联盟前已经存在的商业行为属于例外。第（2）小款，当球员正在履行合同义务（包括为俱乐部业务出差），球员应当穿着俱乐部已经授权同意的球衣

---

① 黄世席．奥运会参赛运动员赞助协议中的法律问题 [J]．法学，2008（4）：63-64.

等服装；未经俱乐部同意，不得在任何服饰上展示俱乐部的徽章、名称、商业标识等信息。但球员穿鞋和宣传球鞋的权利，以及守门员选择手套的权利不在本款范围内。第（5）小款，在球员不妨碍并正常履行与俱乐部之间合同的前提下，俱乐部一般也不得妨碍球员利用个人形象谋利或参加商业推广活动，但球员需要在规定期限内通知到俱乐部方，履行合理告知义务。①

（三）意大利优秀运动员商业赞助治理的经验

意大利立法上明确可以签订赞助合同，如民法典以及相关法律对合同做出了专门性规定。不过，体育赞助合同不属于典型合同，这说明体育赞助必须适用合同的一般规则。条款的设定一般只涉及合同双方当事人，需要确定双方各自的权利和义务。首先，需确定被赞助方的原则性义务。合同一般应先明晰赞助的主体，即赞助方，并列举赞助方应当承担的具体类型。赞助合同的签订需遵循诚信和公平原则。其次，双方当事人在意思真实表示的前提下，应进一步明确各自承担义务的具体内容。对于受赞助方运动员来说，须将赞助方的商标品牌展示于合同中约定的地点和场合。由于体育赞助合同的特殊性，赞助双方会约定运动员比赛期间的服装或使用的器械须是指定的品牌；此外，也可在赞助合同中授权赞助商在比赛期间以肖像、照片、声音、标记、影视等方式进行宣传的权利。

如果国家或运动队作为被赞助对象，作为个体的运动员是否有权提出反对集体复制的意见？意大利学界的主流观点集中在：第一种观点支持保障运动员权利，即给予运动员反对复制的权利，主张个人赞助可从

---

① 刘进. 欧洲国家对运动员形象权的法律保护［J］. 体育学刊，2007（7）：29.

集体赞助合同中分离出来。第二种观点倾向于从运动员的身份来具体分析、解决问题。如果是业余运动员代表俱乐部参赛，那么他作为肖像权所有人既可以拒绝商业性使用，也可允许他人以使用肖像的方式，有权从集体赞助中取得部分收益。如果身份是职业运动员，可允许代表俱乐部参赛，但无权拒绝个人作为集体肖像中的一员。运动员为达商业目的对其肖像的使用是法律所允许的，个人可许可他人出于商业宣传需要使用个人肖像，包括他所属俱乐部的名称、标志等，前提是需取得所属体育组织如俱乐部、体育联合会的授权。但是运动员与所属的体育组织也会产生矛盾。因为体育组织也需要从运动员参加的体育赛事中筹措资金，以维持其日常工作运转，因此，如何取得利润最大化也是体育组织所关注的。而运动员授权他人使用其个人肖像是为了取得个人经济利益。那么，运动员与体育组织在经济利益追求层面处于平等的法律地位，那么，究竟谁的利益更至上？对于体育联合会而言，限制运动员肖像权的使用尤为关键。意大利法律明确规定，体育联合会有权限制运动员从事商业行为的情形包括：联合会自身的章程合法，且有明确授权；限于联合会作为比赛组织者的情形；遵守公平竞赛原则；在扣除办赛的成本费用后，所得利润需集体分配。如果联合会章程中以会员资格和注册条件为要挟，强迫运动员轮流为协会做商业宣传和广告活动，那么体育联合会的章程涉嫌违法；体育联合会规则的制定必须有一定比例运动员代表的参与，否则制定出来的规则无效。

根据1981年意大利体育联合会（AIC）和《职业运动法》的规定，职业体育俱乐部可以自动取得运动员肖像的部分使用权。作为球队成员，所有运动员（弃权除外）都有从职业体育中分享部分利润的权利。

值得注意的是，运动员的弃权声明往往是个简短的格式条款，常附加在个人合同文本中。当然，部分优秀运动员可就个人肖像的利用权与俱乐部进行明确的协商，以尽可能避免今后可能产生的纠纷。如果运动员放弃独立使用其肖像，不妨碍俱乐部安排的媒体活动或每一项商业活动，那么他就有机会分享俱乐部的整体收入。但是，在诚信原则与公平原则之下，运动员与俱乐部之间应签订特别的执行合同，作为俱乐部一方，以合法的形式使用运动员的肖像与职业信息，并就具体的使用方式、使用期限、补偿与报酬与运动员达成一致；而运动员知晓并同意作为球队肖像的一部分，通过广播电视、互联网等传播。特别执行合同涉及运动员肖像权与体育组织标志权的结合部分，合同的条款需要更加细致，而这种具体而明晰的合同约定既有利于提高俱乐部在商品销售、社会服务方面的营销水平，也有利于运动员商业价值的利用与转化。①

（四）日本优秀运动员商业赞助治理的经验

从 1979 年开始，日本奥委会为了筹集更多的资金，加强了运动员肖像权的管理，同时将部分管理权力配置给各全国性单项体育协会，意图优先发展部分优势体育项目。2003 年度日本奥委会的财政结算报表中，近 20% 的营利收入来自实施集中性的肖像权管理方式。② 后来，随着日本体育市场化的推进，不少体育协会已有相对稳定的商业赞助以及资金支持，部分优秀运动员也积极主张对个人肖像权利的自主支配权。事情反映到日本奥委会那里，不少官员认为，如果失去对运动员肖像权的集中管理，那将意味着奥委会重要资金来源的流失，不利于整体体育

① 朱文英．意大利体育肖像权制度初探［J］．武汉体育学院学报，2007（8）：14-15.
② 卫虹霞．运动员在商业活动中的法律问题研究：以运动员人格权商业利用为中心［D］．上海：复旦大学，2006.

发展战略布局。因为除足球、棒球等少数运动项目可以依托市场化运作实现自身发展外，很多项目的发展都离不开日本奥委会资金的大力支持。经历几番博弈之后，日本奥委会最终做出了让步，在 2004 年雅典奥运会后同意返还运动员肖像权的决定。[①] 此举解决了运动员肖像权的商业利用问题，也为优秀运动员商业赞助创造了更加有利的条件。

二、对我国优秀运动员商业赞助治理的启示

第一，各级体育组织尊重和认可运动员的商事人格权，运动员所在的体育团体、组织以及其他任何组织和个人不得以任何非法理由或方式损害运动员的商业赞助权益；运动员有接受企业或商家提供的商业赞助的权利和自由。

第二，运动员通常不得与其所在的体育组织现存或已经获得的商业赞助相冲突，但是，运动员个人在先的商业赞助可以与体育组织进行友好协商，达成一致，从而将个人在先视为商业赞助合同作为与体育组织商业赞助冲突的例外情形。

第三，各级体育组织重视对运动员人格权的商业利用，遵循合同意思自治。体育组织与运动员之间以契约形式商定让渡运动员商事人格权的整体或部分，以及未来商业开发中的收益和分配等约定，尽量规避可能出现的纠纷。

---

① YAMAZAKI T. Sports Law in Japan [M]. The Netherlands：Kluwer Law International，2012.

第四节 国外优秀运动员广告代言治理的经验

一、优秀运动员广告代言治理的经验

（一）美国优秀运动员广告代言治理的经验

1. 相关法律法规

1906 年，美国颁布的《食品及药品法》中规定，商品的包装与刊登广告均应符合法律，禁止伪造、仿冒和发布不实之词，这是美国最早涉及广告监管的法令。1911 年，《印刷者油墨》杂志上刊登了一份广告法草案，即后来的《普令泰因广告法草案》，该草案是美国最早专门规制虚假广告的法案。1914 年，通过了《联邦贸易委员会法》，并成立了专门的机构——联邦贸易委员会（简称 FTC）。此外，美国的其他法律如 1936 年《克莱顿法案》和《罗宾逊-帕特曼法》、1938 年《商品、药物和化妆品法》、1946 年《兰哈姆法案》、1966 年《公平包装与标签法》均有规制虚假广告的规定。其中《联邦贸易委员会法》从反不正当竞争的角度对虚假广告的概念、认定以及法律责任做出明确规定，被认为是美国进行虚假广告监管最为重要的一部法律。根据 FTC Act 的相关条款，"广告的表述或由于未能透露相关信息而给理智的消费者造成错误印象的，这种错误印象又关系到所宣传产品或服务实质性特点的，均属于虚假广告"。FTC 列举了非法商业广告的类型，比如不实及欺诈性广告、不正当广告、虚假不实的推荐或证言广告、香烟广告等。其

中，虚假广告是美国广告管理的重点。无论是直接的表述还是信息暗示，广告发布者均要负法律责任。美国把判断广告虚假的权利交给消费者，指定专业机构进行甄别。比如，广告的内容如果对消费者进行了误导，使消费者产生错误认知与判断，就可以认定为虚假广告；针对老人、儿童等特定对象设置不同的判断标准；重点考量广告中虚假成分。这些重点包括设计产品的质量、效果、耐用度、健康、安全等方面的表述，还包括经营产品明示或有意暗示的表述。该法第 5 条规定，"商业中或影响商业的不公平的竞争方法以及不公平或欺骗性的行为及惯例视为非法。"此条被认为是规制虚假荐证行为的法律依据。1975 年，FTC出台了《广告荐证指南》，该指南制定内容非常详细，对于广告荐证行为具有重要指导意义。值得注意的是，FTC Act 并未赋予消费者对虚假荐证提起民事诉讼的权利，但国会授权 FTC 对于欺诈性荐证行为行使排他性权力，可代表公共利益向地区法院提起民事诉讼，请求对虚假荐证进行民事处罚。普通消费者如果要起诉广告荐证者请求损害赔偿，只能依据普通法获得救济。如《侵权法重述》以及州成文法《反不正当和欺诈行为法》《反欺诈消费者法》等。① 刑事规制方面，《联邦贸易委员会法》第 12 条规定，对于违法制作发布不实广告的行为，可处 6个月以下有期徒刑，单处或并处 5000 美元以下罚金；再犯者可处 1 年以下有期徒刑，单处或并处 1 万美元以下罚金。②

2. 法律监督下的优秀运动员荐证

在美国，商业氛围浓烈，商业广告的效应显著，利用优秀运动员效

---

① 于林洋. 广告荐证的法律规制研究 [D]. 重庆：西南政法大学，2011.
② 倪峋. 中外广告法规与管理 [M]. 上海：上海人民美术出版社，2016：311.

应进行广告代言是企业的惯用做法。美国广告法规定广告代言人必须是"证言广告"和"明示担保",即广告代言人是产品实际使用者和受益者,而且广告中有关产品效果的部分必须有事实依据。尽管未出台对演艺人士广告进行设限的专门条款,但优秀运动员广告同样需要遵守广告法规,一旦违反可能会面临重罚。比如,"摇滚天王"迈克尔·杰克逊曾因百事可乐广告遭受民众非议,被列为"讨厌的人物",因为有人揭穿了他平时根本不喝汽水的小秘密。在美国,演艺人士为产品现身说法的情况比较少见。因为美容类、保健类产品效果因人而异,无法适合整个消费人群。即便有女演艺人士出任化妆品公司代言人,大多也是标明品牌形象代表的身份,最大程度规避为产品效果现身说教并作明示担保的不利做法。美国优秀运动员代言多乐于大众消费品和服务类产品代言,因为这些产品营销风险较低,相对比较安全。

3. 典型案例

某位著名网球选手在一次电视访谈节目中,声称自己世界排名的提升得益于某诊所的激光视力矫正手术,使自己在比赛中视野更加开阔,击球更加精确,该选手还在节目中对手术以及诊所给予了正面评价,但未披露自己与诊所之间的商业代言关系,即如果她在公开场合积极推介自己成功的手术经历,会得到相应的酬劳或奖励。显然,一般消费者可能不知道上述事实,但这会影响到公众对其荐证可信度的判断。如果该选手在节目中没有明确披露自己与诊所之间存在的事实合同关系,那么该网球选手的荐证行为涉嫌欺诈。①

---

① 于林洋. 广告荐证的法律规制研究 [D]. 重庆:西南政法大学,2011.

（二）英国优秀运动员广告代言治理的经验

1. 相关法律法规

英国早在 1907 年就颁布了《广告法》，是最早制定广告法规的国家。当初《广告法》主要就户外广告进行规定，禁止户外广告对人们的生活造成影响。如 1968 年的《医疗条例》，1988 年的《英国电视广告业行业行为标准准则》。英国广告监管法律法规主要散见于《食品和药物法》《香烟法规》《商标法》《公平交易法》《消费者保护法》等之中。1973 年，针对电视和广播广告进规制的《英国广告标准和实务法》出台，这部具有重要意义的广告法律法规，主要广播广告依据《广播局广告和赞助规则》进行管理，由广播局专门负责；电视广告由独立电视委员会（ITC）负责，依据《独立电视委员会广告业行为标准准则》规范和管理电视广告。此外，非广播电视内广告由广告标准局（ASA）负责，依据《英国广告和营销准则》监督所有非广播电视类媒体广告。在这三种广告形式中，英国政府重点监管的是电视广告，因为英国人热衷于电视节目，电视广告也因此成为国内广告量和影响力最大的广告类型。1998 年，ITC 专门制定了《英国电视广告业行为标准准则》，根据相关规定，电视广告播出前，应有正式播出前的批准，并经广播广告净化中心（BACC）过滤处理。这样任何潜在的侵权广告会相对于媒体发布广告的时间，在一个较早的阶段得到处理。ITC 根据法令的授权有权命令有许可权的电视节目提供者将违背各项 ITC 守则的广告剔除。

2. 优秀运动员广告代言的相关规定

英国对优秀运动员广告的规定十分严格。《广告标准和实践准则》

中，证言（对真实个人经历的观点或者陈述的表达）必须是真实的，并且在被广播经营者接受之前提供文件证据以支持，并且不应以某种可能引发误导的方式使用，即对广告主和广告公司出示证词或表述的凭据做出了硬性规定。如果缺乏真实的凭据，将视其为欺骗广告加以处罚。① 英国大众十分崇拜优秀运动员等名人，因此像贝克汉姆一样的优秀运动员登上电视广告的概率很大，但是绝对禁止如"我推荐，我信赖"直接陈述或推荐的证言出现，以免误导受众。

旨在保护消费者利益的《交易表示法》中将虚假证言定性为非法行为，消费者利益受到损害的，可向广告主索赔。医药和治疗领域广告禁止使用代言人，在酒类广告中也有禁止明星代言的规定，防止年轻人的追随和模仿。值得注意的是，广告标准局也有对新媒体下名人代言的规定，名人的标准是社交媒体上的粉丝数超过三万人，名人广告需接受广告约束与监管。同时也禁止名人在微博中植入广告，违者将受到公平贸易局的警告、不设上限的罚款甚至是刑事检控。

3. 典型案例

某家跨国公司的"高级发型工作室"聘请板球运动员谢恩·沃恩为一款护发系列产品代言，广告中出现该护发产品具有预防秃头功效的暗示语，并对该工作室给予了正面、积极的评价。"我听说这句口号许多年了，对我来说，这像是一句警告，如果我再不为纤细而稀疏的头发做点什么，就会变成秃子。所以关注一下'高级发型工作室'吧……你的头发将拥有前所未有的美丽。不要等到无法挽回……看看今天的沃

---

① ATKIN C，BLOCK M. Effectiveness of Celebrity Endorsers [J]. Journal of Advertising Research, 2003 (23): 60.

恩!"市场执法部门认定上述广告言词涉嫌误导消费者。理由在于，沃恩的代言词向消费者传达了这样的信息，即到目前为止，本人使用的这种护发品已经取得防秃的显著效果，你们也来试试看吧。实际来看，该护发产品的实际功效被刻意夸大，容易误导广告受众的非理性消费。广告标准局责令工作室进行限期整改，发布的广告词中只能涉及该产品所具有的实际功效。①

（三）法国优秀运动员广告代言治理的经验

1. 相关法律法规

法国没有专门的广告法，政府依赖众多法律中对广告的具体规定来进行全面有效的管理。早在 1905 年，法国制定了《关于欺诈及假冒产品或服务》，其中含有关于虚假广告罪的处罚规定。1968 年，法国制定了《消费者价格表示法》《防止不正当行为表示法》等法律法规，对广告活动的内容进行严格限制，确保广告行为在法律允许的范围内进行。1973 年的《商业、手工业引导法》确定了虚假广告罪的定义。1993 年，法国出台"烟草公司不得以任何形式赞助体育比赛"的法律规定。②

法国广告管理的最大特点是实行事先审查制度。任何媒体未经许可，不得发布未经审查的广告。审查机构是指广播电视广告审查机构（RFP）和国家广告联盟所属的法国广告办事处（BVP），建立广告审查制度在于预防广告与社会公共道德和公共利益的冲突。另外，一些广

---

① 赵旋璇. 英国：夸大使用效果，名人广告亮"红灯"[EB/OL]. 央视网，2007-05-31.

② ATKIN C, BLOCK M. Effectiveness of Celebrity Endorsers [J]. Journal of Advertising Research, 2003 (23): 61-62.

告业联合机构的成立，对广告的审查、发布等环节也承担了自我监督与检查的职能。

2. 优秀运动员广告代言的相关规定

法国的大部分广告较少依赖优秀运动员代言的效果，反而注重创意性与新颖性来吸引潜在的消费者，这与法国人相对理性的消费观念不无关系。法国消费品市场比较成熟，市场信息相对透明。在理性消费者看来，品牌的认可度需要经过长时间积淀而成，优秀运动员的代言广告让他们一时冲动消费的概率很小。同样，商家在做产品形象广告时也十分谨慎。优秀运动员也不敢随意代言广告，因为根据《商业、手工业引导法》第 44 条的规定，犯有"虚假广告罪"的当事人将被处以 3 个月到 3 年的徒刑以及 3000 法郎到 25 万法郎的罚金。优秀运动员一旦代言不慎，不仅严重影响自身形象，甚至会面临牢狱之灾。某电视主持人就曾因夸大代言产品的功效，被法院认定为代言虚假广告，最终锒铛入狱。①

（四）韩国优秀运动员广告代言治理的经验

1. 相关法律法规

查阅韩国的法律信息网站"国家法令信息中心"，与广告相关的法律主要包括《与广播电视广告销售代理有关的法律》《有关户外广告物的管理和户外广告产业振兴的法律》《和标识、广告的公正化有关的法律》。② 在韩国，户外广告随处可见，但都要受到相关法律的管理。如果在法律禁止的地方设置了户外广告，会根据《有关户外广告物的管

---

① 倪嵋. 中外广告法规与管理 [M]. 上海：上海人民美术出版社，2016：302.

② 李佳盈. 中韩广告法宏观比较 [J]. 新闻研究导刊，2018（10）：236.

理和户外广告产业振兴的法律》第18条第1项第3条款的规定，处以1年以下有期徒刑或者1000万韩元以下的罚款。另外，韩国食品标签和广告法（2021年修订）由韩国食品药品安全部于2018年3月颁布，2021年8月发布修订版，2023年1月1日开始生效。该法案共31条，包括标识标准，营养标签，钠含量的比较标签，广告标签，禁止不合理的标签或广告内容，标签或广告的证明、审查和政策咨询，以及相关违法行为处罚等规范内容。

2. 优秀运动员广告代言的相关规定

在韩国，优秀运动员代言广告不在少数，但是虚假广告的新闻较少出现。究其原因，得益于广告预审制度的严格实施，确保了广告内容的真实性。广告预审制度主要由广告自律审议机构进行管辖。审议标准委员会和具体审议委员会属于下属机构，负责具体业务的开展。每个委员会由7名权威人士所组成，分别负责对杂志、电视广播等广告内容的审查。禁止发布未经审查的广告，违者将会受到严厉处罚。① 值得注意的是，受国内知名人士代言市场份额的限制，知名人士们一方面十分珍惜来之不易的广告代言机会，同时也会在广告代言时持相对谨慎的态度，一般只限于提示广告和描述性广告，很少涉及保证产品质量和效果的证言广告。在赚取广告代言费的同时，最大程度地维护自己享有的社会知名度和美誉度。② 因此，知名人士的自律同样也是问题广告较少的重要因素。

① 倪嵋. 中外广告法规与管理 [M]. 上海：上海人民美术出版社，2016：302-303.
② 倪嵋. 中外广告法规与管理 [M]. 上海：上海人民美术出版社，2016：302-303.

（五）日本优秀运动员广告代言治理的经验

1. 相关法律法规

日本关于广告方面的法律法规主要有《民法》《消费者保护基本法》《防止不正当竞争法》以及食品药品专项法律法规等。比如，《民法》中规定，如果广告内容违法，侵犯他人权益，可适用第709条的规定，追究其民事责任。1968年颁布的《消费者保护基本法》对消费者在广告方面的权利及其权利的保护做出了规定，同时对虚假广告制定了惩罚措施。1975年修改的《防止不正当竞争法》对虚假广告的形式和法律责任做出了严格规定。日本的广告管理主要分为行业自律控制、行政指导和法律法规调整三个层次，层次之间形成了相互衔接、环环相扣的完整控制链，有效地保护了消费者的合法权益。①

在日本，广告行业自律组织也发挥了重要作用。如新闻广告审查协会（NARC）和日本广告（JARO）审查机构，这两个机构也是目前日本广告审查最主要的部门。日本法律对广告的主要规定包括：各类广告活动不得有不正当的表示，禁止提供过度的广告奖品；禁止把不正当引诱顾客的行为作为竞争的手段；禁止在销售商品时从事欺骗性、使人误解的广告宣传；禁止医疗、药品、化妆品等虚假、夸大的广告宣传等。②

2. 优秀运动员广告代言的相关规定

在日本，优秀运动员广告代言的费用较高，通常只有大企业拥有足够的资金实力，才能邀请到优秀运动员代言。但优秀运动员本人在接拍

---

① 周建明. 日本的广告自律与他律［J］. 国际新闻界，2005（4）：62.

② 倪嵋. 中外广告法规与管理［M］. 上海：上海人民美术出版社，2016：297-298.

广告时也会非常慎重，因为一旦个人代言的产品出现了问题，很可能会名声扫地。比如，优秀运动员代言出现违法或违背社会伦理等问题，那么企业会基于自身产品形象受到明星的负面影响的考量，而选择停止有关广告的张贴与播放，或立即终止与该优秀运动员之间的合作。如果优秀运动员从事了虚假广告代言，那么受到来自民众的非议和指责不可避免，需公开向民众致歉，未来还将面临长时间的失业或待业。

二、对我国优秀运动员广告代言治理的启示

（一）优秀运动员的自律

自律是健全法律制度下的必然选择。除了法律的明文规定，优秀运动员的自律和正确定位至关重要。纵观国外优秀运动员广告，其代言的广告产品的特点大多为品质有保证、风险性较低，即让品牌与自己的身价相匹配，代言酬劳也较高。也就是说，广告代言尽量讲究"少而精"。在蝇头小利或是高额利润诱惑面前，个人的声誉更为重要。而在具体接洽广告时，优秀运动员及其经纪团队需要提前做足功课，积极主动去了解商家或企业的资质和商誉、产品的真实情况，比如产品的具体功能、效果等，甚至主动亲身试用，感受实际使用的效果再做最终的决定，尽力将广告代言风险降到最低，以免出现意外情形，给运动员个人形象和声誉带来不良的社会影响。国外优秀运动员对代言广告谨言慎行的根本原因还是严厉的法律法规的约束。比如，美国广告法规中明确，名人广告就是"证言广告"和"明示担保"。优秀运动员作为广告代言人既是商品推荐者也是商品证明人，是产品一定时间内的实际用户或直接受益者，证词要真实、准确无误，否则就会被施以重罚。

（二）广告行业协会作用的发挥

规范优秀运动员虚假广告代言，完全依靠国家的司法机关和行政管理机关的力量是远远不够的，积极发挥广告行业的自律和监管作用至关重要。在这方面，美国、加拿大、日本等国较为完善和卓有成效的广告行业自律制度可为典范。美国广告局是全国性广告行业自律组织，美国大部分广告公司都是其会员。它作出的绝大多数的决定都被商家接受与认可。比如，某公司发现竞争对手的广告有问题可以向广告局举报，广告局若发现竞争公司提供的证据无法支持该广告，则该广告必须进行整改才能继续播放。在政府积极支持下，加拿大广告标准协会对将播发的广告进行预审颁发播发许可证以及提供相关咨询的有偿服务，有助于从源头上对各种广告代言问题加以治理。日本广告行业协会可与广告调查机构、广告教学及研究机构等个人及社会组织展开合作，在制定行业标准、参与行业管理、开展行业信用评价、维护行业自律与约束机制等方面发挥积极作用，从而有利于遏制明星虚假广告的出现，净化广告市场环境，规范市场经济秩序。

（三）广告预审机制的落实

广告预审机制的落实可以有效防范大量虚假广告的出现，从而最大程度从源头上规避了优秀运动员虚假广告代言的风险。在这方面，英国、法国、韩国等国家的广告预审制度十分值得借鉴。虽然实行广告预审不直接针对优秀运动员代言广告行为，但可以有效调动广告审查部门和媒体把关的积极性，防患于未然，筑起保证优秀运动员代言虚假广告不与受众以及消费者见面的坚固防线。比如，韩国广告自律审议机构制定了一系列有效规范广告行为的规定，从广告用语、受众、表现形式等各方面对不同领域的产品作出了严格的限制。以药品为例，韩国将药品分为一般药、专用药和药材三类。减肥药物作为专用药，和药材一样被禁止进行电视广告宣传。即便是可以做广告的一般药类，委员会也规定广告中禁止出现可能诱发消费者误用和滥用的内容。即使优秀运动员与广告主签订了虚假广告代言协议，但如果无法通过审查这一关，产品或服务广告也因无法与受众及消费者见面，难以产生广告代言争议及负面的社会影响。正因为广告预审制度的有效设立，虚假广告出现的概率很小，大大减轻了优秀运动员代言所带来的后顾之忧。

（四）消费者的理性消费

作为粉丝，对优秀运动员的偶像崇拜无可非议；但作为现实中的消费者，因偶像代言的产品或服务一味去冲动消费、盲目消费似乎并不可取，因为优秀运动员偶像化与优秀运动员广告代言不是一回事。在这方面，欧洲的法国等国家的消费者就体现得足够理性。比如，按照欧洲人的消费习惯，如果要买一件大宗物品，首先要做的是上网了解情况，在网上货比三家，这样既可知晓商品生产厂家的具体情况，也可了解消费者对其的评价。如果网上没有，也会设法找朋友了解。反过来，面对理性的消费者，企业在选择产品广告代言人时也会十分慎重，欧洲的厂商也不太愿意花费重金聘请知名人士做广告。诚如有学者所言，如果消费者对知名人士广告代言持有科学认识的态度，养成理性消费的观念，那么各种虚假广告便失去了赖以生存的土壤。①

（五）刑事责任的适用

欧美等市场经济相对发达国家对优秀运动员虚假广告代言进行了刑

---

① 王荣华. 国外名人广告风险规避及其启示 [J]. 安徽工业大学学报（社会科学版），2009，26（3）：41.

事规制，以加拿大、英国、法国等为例。比如，《加拿大广告标准准则》第 7 条对代言、推荐或证明某产品或服务广告作了明确规定，代言、推荐或证明者必须是该产品或服务的实际使用者，广告相关信息须有充分事实依据，绝不许欺骗或误导消费者，否则将承担相应的民事或刑事处罚。法国的《商业、手工业引导法》中对虚假广告罪的当事人处以徒刑和罚金的刑事处罚规定。目前，我国刑法第 222 条对"虚假广告罪"规定，广告主、广告经营者、广告发布者违反国家规定，利用广告对商品或者服务进行虚假宣传，情节严重的，处二年以下有期徒刑或者拘役，并处或者单处罚金。目前刑法中并未将包括优秀运动员在内的"广告代言人"纳入其中，当然这并不妨碍从理论层面对作为广告代言人的优秀运动员刑事责任及其规制的探讨，以及对《广告法》未来的修改提供合理化的建议。

（六）新媒体下广告代言的规制

新媒体与传统媒体（报纸、杂志、广播、电视等）相对应，是指依托电脑、手机等传播媒体，向用户提供信息和服务的形态。新媒体背景下优秀运动员广告代言形式往往也以自媒体的方式呈现，比如个人微博、微信等，西方国家常用的"Facebook""Instagram"等，在这方面英美的规制经验值得借鉴。英国不仅设定了"名人"的标准，而且出台了针对广告代言人的违法行为给予行政或刑事处罚的规定。① 美国《联邦贸易委员会法案》及其指南出台了对运动员使用推特、博客和其他媒体的法律规范。运动员对自己通过社交媒体代言的产品和服务应保

---

① 孙昱杰.英国规定粉丝超 3 万就算名人，要受到广告监管约束［N］.北京日报，2019-07-04.

持坦率和诚实；运动员及其经纪人应熟悉指南并符合要求，而且还与使社交媒体帖子更具吸引力的原因保持一致。如果运动员在推文中偶尔讨论产品并完全披露该产品属于免费提供，或者说明他是该产品的付费代言人，那么该推文具有提供信息的作用，也使粉丝拥有了知情权，可令其做出是否购买产品的决定；如果运动员隐瞒与代言公司的联系，则不仅冒着违反指南的风险，且可能疏远其社交媒体粉丝群。[①] 英美规制的经验为我国优秀运动员在新媒体环境下的代言行为规制提供了有益参考。

---

① MCKELVEY S, MASTERRALEXIS J K. This Tweet Sponsored by: The Application of the New FTC Guides to the Social Media World of Professional Athletes [J]. Virginia Sports And Entertainment Law Journal, 2011, 11 (2): 222-246.

第六章

我国优秀运动员商业行为法律治理的完善路径

第一节　优秀运动员商业行为法律主体利益保障的路径

法律作为社会关系的调整器，其价值目标就是正确处理好各社会主体之间的利益关系，以实现个人利益与公共利益的公正、平衡，防止社会利益关系的严重失衡。本研究遵循"立法—执法—司法—守法"的法律进路，提出优秀运动员商业行为法律主体利益保障的路径。

一、立法层面：优化民商法等相关法律规定

（一）优化民法的相关规定

1. 人格权法方面

2021 年正式实施的《民法典》将人格权单独成编回应了时代发展的需求，体现了人格权属性从之前的消极防御走向积极利用的趋势。综合来看，民法典对人格权的商业利用方面集中反映在对姓名权和肖像权的扩大保护上。比如对姓名的保护已经扩展至笔名、艺名、网名等，对

肖像的保护从原先的以面部为中心扩展至可识别的外部形象。不过，除姓名权和肖像权外，优秀运动员人格权商业利用中声音权和职业信息权同样不可忽视。关于声音权，我国《民法典》第 1023 条第 2 款明确规定，"对自然人声音的保护，参照适用肖像权保护的有关规定"，可见，声音权与肖像权一样具有非常明显的财产属性。在秘鲁，新《民法典》在第 15 条也明确规定了声音权及其附带的财产属性。如果模仿者模仿了优秀运动员的声音从事营利行为导致公众混淆的，则其行为显然在攀附名人声音的知名度，对名人"声音权益"中的财产利益无疑是一种侵害，故此种行为构成对优秀运动员"声音权益"的侵害。美国形象权侵权中的"Milder"案和"Waits"案，法院均判决被告侵犯原告的形象权，需承担法律责任。关于职业信息权，从学理上分析，职业信息属于个人信息的一部分，同时又能反映运动员个体的特殊特征。民法典关于个人信息权的保护体现在第 1034 条，自然人的个人信息受法律保护。而运动员的个人信息如身高、体重、绰号，以及从事运动项目的比赛号码、赛车等职业信息同样应受到保护。从比较法上来看，"Jabbar 诉通用汽车公司"案、"David Bedford 诉电话公司"案、"赛车手诉烟草公司"案、"Ryan Hart 诉 EA 公司"案等均得到法院的支持，运动员成功胜诉，也进一步说明运动员职业信息权益应受法律保护。

2. 侵权法方面

（1）侵权责任构成要件

从比较视野出发，优秀运动员人格权商业利用中侵权责任构成要件应包括以下方面：一是被告擅自利用优秀运动员的人格特征。这里的"被告"主要是商家或体育组织。首先，使用了运动员的人格特征如姓

名、肖像等而未经运动员本人事先同意。其次，使用的是运动员的人格
特征。为了证明这一点，需要做出事实认定，被告利用的正是原告可被
识别的人格特征。对此，可采取市场调查的方式，通过在社会公众中采
样和权威媒体的辨别以获取相对充分的证据。二是基于商业性目的。被
告出于商业目的通常会在商业广告中使用运动员形象作为未支付的对
价。如果是出于公益宣传、科学研究等使用需要一般不构成侵权。三是
未经同意使用运动员的人格特征。是否经过运动员的同意或授权通常也
不难判断。如果是违反约定形式的使用或超出使用的范围也可视为
"未经同意"的情形。四是造成了损害的事实或可能。损害赔偿一般以
受到的实际损害作为前提，如果运动员不能证明自身实际的受损程度，
假如其他要件成立，依然有权要求商家或体育组织停止侵害活动。

（2）侵权救济路径

《民法典》第 1182 条规定，侵害他人人身权益造成财产损失的，
按照被侵权人因此受到的损失或者侵权人因此获得的利益赔偿；被侵权
人因此受到的损失以及侵权人因此获得的利益难以确定，被侵权人和侵
权人就赔偿数额协商不一致，向人民法院提起诉讼的，由人民法院根据
实际情况确定赔偿数额。原《侵权责任法》第 20 条规定，侵害他人人
身权益造成财产损失的，按照被侵权人因此受到的损失赔偿；被侵权人
的损失难以确定，侵权人因此获得利益的，按照其获得的利益赔偿；侵
权人因此获得的利益难以确定，被侵权人和侵权人就赔偿数额协商不一
致，向人民法院提起诉讼的，由人民法院根据实际情况确定赔偿数额。
对照之下，新法条款的变化之处在于，因侵害他人人身权益造成财产损
失的，无论被侵权人受到的损失是否难以确定，被侵权人均可要求侵权

人赔偿经济和精神损失，或由法院按照侵权人实际获利进行赔偿。立法修改主要目的可能是倾向给予被侵权对象自由选择权，通过法院判定剥夺侵权人的非法获利与自觉维护自身的合法权益是并行不悖的，也有效遏制了侵权行为的再次发生。不过，仔细推敲不难发现，侵权人的非法获利与被侵权人遭受的经济损失并非完全等同。针对侵权人的非法获利的情形，可考虑"合理许可费"和"侵权人非法所得"的计算方法来确定运动员的财产价值损失。依据"合理许可费"来计算财产损失可在《民法典》第1184条找到法律依据，即侵害他人财产的，财产损失按照损失发生时的市场价格或者其他合理方式计算。这就需要事先对运动员的商业价值进行专业评估，其更属于一种积极性预防，能够对运动员人格权益起到较好的保护作用。"侵权人非法所得"由于涉及市场销售份额，可能需要公开侵权行为人的账簿和资料，因此计算财产损失有一定难度；更多的时候可能需要把二者综合起来考虑赔偿的具体数额。而针对被害人主张精神损失赔偿的情形，可借鉴英国法下的假冒诉讼的要求，参照《民法典》第1183条，考虑以精神损害赔偿为主，经济损失为辅的策略，因为此种情形下的侵权对于被害人而言，并无实际的、直接的经济损失。而由此也可推断侵权人在主观上属于故意，给受害人造成了严重的精神损害，可选择判决较高的精神损害赔偿金。这样既可以弥补受害人遭受的精神损害，也能进一步避免侵权人拿获利支付惩罚成本而选择继续侵权。

3. 知识产权法方面

（1）注重对域名权的保护

首先，确认域名的法律地位。尽快将域名权纳入保护范围，给予正式的立法确认，让域名受到高层次的法律保护。其实，早在 2001 年 6 月，《最高人民法院关于审理涉及计算机网络域名民事纠纷案件运用法律若干问题的解释》，表明我国在网络领域中已明确了对域名保护的态度，以及设置了相关权利义务机制，并为将来的域名立法做好铺垫工作。2021 年 4 月，最高人民法院发布的《人民法院知识产权司法保护规划（2021—2025 年）》也明确了"十四五"时期知识产权司法保护的重点工作举措，提出加强商业标志保护，加大对恶意抢注域名等行为的惩治力度。更应该在此基础上，进一步建立中国的域名法律保护制度。二是允许域名合法转让。对于域名的合法所有人来说，所有权应该得到法律的保护。从世界范围来看，域名的可转让性已经得到国际社会的广泛认可，我国立法也应该对其做出肯定性规定。这样既能体现包括运动员在内的民商事主体的平等性原则，又能体现市场经济的效益性原则，更好地为我国体育产业发展加油、助力。三是增加专业意见，解决运动员域名纠纷。鉴于域名是一项技术含量较高的权利，在国外的司法实践中，处理域名纠纷往往会成立相应的专家组协助法官裁定案件。我国可参考这一做法，将专家组意见作为解决域名纠纷中的一个特殊程序，在认定运动员域名侵权事实，解决损害赔偿方面提出专业意见，从而提高解决运动员域名纠纷案件的质量和效率。

（2）强化对商标权的保护

2021 年东京奥运会期间，奥运冠军杨倩、陈梦、全红婵等姓名被不少商家抢注，引发社会关注。中国奥委会在 8 月 18 日发表声明称，未获运动员本人或未成年运动员监护人授权，不得以优秀运动员姓名恶意抢注商标或从事其他侵犯运动员姓名权等合法权益的行为。针对现实中恶意抢注名人姓名作为商标这一现象，美国、日本、韩国在商标注册申请时设立的"事先知情同意"制度值得借鉴。事先知情同意制度是指一方做出决定时，应在征得他方同意后方可实施。因为这可能涉及他方的合法权益，也在一定程度上确立了名人的优先注册权。另外，需要严格执行事后审查制度。对一些已经注册了的商标，如"姚明"女性卫生用品、"贝壳汉母"避孕套等有违社会道德风尚、有损优秀运动员形象之类的做法，可不受商标撤销5年期限的限制，应该予以坚决撤销。对恶意使用体育名人作为商标的，应该给予警告、罚款等行政处罚；构成犯罪的，除赔偿被侵权人损失外，应依法追究刑事责任。对于在役运动员利用商标进行经营活动的，体育主管部门应适当放宽管制，但需要备案登记，配合工商部门进行查验工作。①

（3）完善对著作权的保护

2020年修订的《中华人民共和国著作权法》（以下简称《著作权法》）在第3条对"作品"进行了界定，并列举其范围，虽然没有明确将"运动竞赛表演"纳入其中，但其中"符合作品特征的其他成果"还是为运动竞赛表演"作品"预留了一定的空间。原因在于无论是从法理还是具体实践来看运动竞赛表演都符合著作权法上的"作品"。一是从法理上讲，运动竞赛表演具有竞赛和表演双重特征，符合著作权上独创性、可复制性与智力创造性的要求。运动竞赛表演著作权的客体具体包括重大运动技术发明创新、科学先进的运动竞赛战术、成套的技术动作创编和先进的训练管理方式等；权利内容涵盖著作人身权和财产权

---

① 王飞，王晓东，崔汪卫. 借鉴国外经验探讨我国运动员形象权保护的困境与出路 [J]. 河北体育学院学报，2020，34（6）：6.

两个方面。二是从比较法出发，1973 年，巴西颁布的第 5988 号法律中规定了运动竞赛表演权利，体育组织有权禁止以任何形式录制、播放或转播运动员的竞赛表演行为，同时对参与比赛运动员的收入分配问题做出了规定。值得一提的是，巴西还特地将足球比赛纳入知识产权的保护范围。① 三是此次新修订的《体育法》第 52 条 "未经体育赛事活动组织者等相关权利人许可，不得以营利为目的采集或者传播体育赛事活动现场图片、音视频等信息" 的规定，也为后续《著作权法》的完善提供了对接的思路与空间。

（二）补充商法的相关规定

我国《民法典》于 2021 年 1 月 1 日正式生效，《民法典》采取 "民商合一" 的编纂体例，不过，"民商合一" 容易产生民商不分问题，对民商事关系适用同一规则，或者采用民法规则解决商法问题，或者采用商法规则解决民法问题。就民事权利和商事权利而言，二者在价值观念、性质、种类、范围、权利行使的程序、法律保护的力度上均存在着一定的差异。《民法典》构建的民事权利体系可能忽略了上述多种差异，将简单的民事权利规则用来规范诸多复合性的商事权利，如此容易导致大量的商事行为缺乏商法的特别规制。以《民法典》第一编第 125条为例，此条规定 "民事主体依法享有股权和其他投资性权利"，基于该条款，似乎民事主体普遍享有该权利，其实并非如此。股权和投资性权利的风险性特征较为显著，行使主体一般为特定的商事主体或商人。比如，前文我们提及 NBA 球星勒布朗·詹姆斯的商业行为十分广泛，已经形成了一个强大的 "商业版图"。股权投资英超球队利物浦便是其

---

① 张杰. 运动竞赛表演中的著作权保护 [J]. 体育学刊，2001，8（4）：14-16.

中的杰作之一，詹姆斯本人更是被股神巴菲特赞誉为"商业奇才"，此评价高度定义了詹姆斯的商人身份。同样地，我国篮球明星姚明当初在美国各地开设的"姚餐厅"，主要也是以股权投资的方式，包括后来与他合作的合众思壮公司。反观大陆法系的德国和法国，民商分立体系的建立是其民法典的显著特色。在民法典之外有商法典和商事一般法，商事权利作为一种特殊权利，由商法典和商事一般法予以专门规定。因此，后续可能需要期待商法通则的出台或商法的跟进编纂，以弥补在现行《民法典》框架下我国优秀运动员商业行为商事法律法规供给的不足。

（三）完善《体育法》的相关规定

1. 进一步充实相关条款

2022 年 6 月，《体育法》修订工作正式完成，一改原《体育法》行政管理法的性质，增加了运动员权利保障、法律责任、体育纠纷解决方面的内容，值得充分肯定。不过，现有条款仍存在进一步补充和完善的地方。具体地，一是增加有关运动员权利特别是商事权利方面的相关内容，为我国优秀运动员商业行为提供法律依据。二是按照"权责一致性"的原则，明确体育行业协会、运动项目管理中心的权力边界及相应法律责任，为优秀运动员正当、合法的商业行为提供法律保障。三是继续推进"体育纠纷解决机制"的落实。新修订的《体育法》增加了"体育仲裁"章节，弥补了原《体育法》第 32 条设计上的缺陷，不过，体育仲裁制度的真正落实仍尚需时日。针对运动员商业行为与体育俱乐部、体育行业协会之间的纠纷可采取内部纠纷解决机制衔接体育仲裁的模式。在明确体育行业协会、运动项目管理中心等公共管理组织可诉性的基础上，确保司法的有效介入，为运动员商业行为提供多元纠纷解决机制，切实保障运动员的合法权益。

2. 建立健全体育法规体系

《体育法》主要规定体育工作的基本方针和发展体育事业的基本原则，明确了各级政府、企业事业单位、体育组织和公民在发展体育事业、产业以及参与体育活动方面的基本权利、责任和义务。各级体育行政管理部门要根据新修订的《体育法》的规定，结合本地区、本部门的实际，以运动员权利保障为中心，针对运动员商业开发中的重点、难点问题，注意参照国际惯例，与国际接轨。加快推进体育法配套立法工作，使整个体育法规体系日趋完善，为优秀运动员商业行为的开展保驾护航。

二、执法层面：规范体育行政与市场执法

法律的生命力在于实施，执法必须体现立法精神。作为体育行政主体，在行政执法过程中须借鉴法治国家的比例原则。比例原则是指行政主体实施行政行为应兼顾行政目标的实现和保护相对人的权益，如果行政目标的实现可能对相对人的权益造成不利影响，则这种不利影响应被限制在尽可能小的范围和限度之内，二者有适当的比例。它包括必要性原则（或最少侵害原则）和合比例性原则（或相称性原则）两个方面比例原则，着眼于法益的均衡，以维护和发展公民权利为最终归宿，是法治国家贯穿与执法活动中的一贯原则，也是司法机关判断行政机关是否公正，合理自由裁量权的重要原则，对于平衡优秀运动员商业开发权

利冲突具有启示意义。① 以比例原则为指引，具体而言：一是转变执法理念。优秀运动员商业开发中行政主体应主动转变观念，确立以人为本，以运动员为中心的思想，逐步由行政管理转向市场化管理，通过市场规律对运动员商业开发活动进行规范和调节，为运动员商业开发提供必要的指导、服务与监督。二是规范执法程序。程序是公正的法治与恣意的人治之间差别的体现。须重点规范运动员商业开发中的行政许可、行政处罚等执法行为；建立健全行政裁量权基准制度，细化、量化行政裁量标准，规范裁量范围、种类、幅度。加强体育行政执法信息化建设和信息共享，提高执法效率和规范化水平。三是提升执法能力。加强运动员商业开发领域体育行政综合执法力量及人员配备，严格实行执法人员持证上岗和资格管理制度，并定期组织业务培训，丰富市场执法工作经验，确保执法队伍专业化。比如，对体育产业市场中利用优秀运动员人格标识进行虚假宣传、隐性营销等行为，对照《民法典》《反不正当竞争法》等相关规定进行重点整治。四是接受执法监督。通过内部行政监察监督和外部的司法监督、社会监督形成合力，防范商业开发中的"权力寻租"现象；落实体育行政执法追究责任制，对严重侵害运动员商业开发权利的执法部门和主要责任人实行追查制，建立有效的权力运行制约和监督机制。

三、司法层面：提供多元体育纠纷解决机制

优秀运动员商业行为中各主体之间的利益冲突难以避免甚至无法调

---

① 王飞，周爱光.我国体育明星商业开发中权利与权力的冲突与平衡［J］.体育学刊，2022，29（2）：57.

和时，司法上应当积极提供救济机制，以纾解不同主体间的矛盾趋于相对平衡状态。为此，尽快建立分类、高效的救济机制是平衡优秀运动员商业行为中利益冲突的关键所在。针对由单纯行政权引发的救济机制应包括体育行政调解、体育行政复议、体育行政信访、体育行政诉讼在内的纠纷解决方式。针对体育行业自治权引发的救济机制应当是基于ADR（替代性纠纷解决方式）加司法诉讼的体育纠纷多元化解决机制。① ADR 包括和解、调解、仲裁几种类型，优点主要在于成本相对较低、解决速度快、时效性高等特点。如澳大利亚于 1996 年成立了"澳大利亚全国体育纠纷解决中心（NSDC）"，并提供体育纠纷的调解与仲裁服务；美国则根据《美国业余体育法》的规定，由美国仲裁协会（AAA）受理和仲裁体育争端案件，AAA 于 2001 年成立了全国体育仲裁小组，专门负责体育仲裁案件；加拿大于 2003 年通过了《促进体育锻炼和体育运动法》（APPAS），依据该法案，成立了非营利性的加拿大体育纠纷解决中心（SDRCC），受理体育仲裁申请。在体育行业协会内部，体育纠纷的内部救济可选择内部调解、仲裁，也可向体育协会的主管机构进行申诉。在外部救济机制上，争议双方可以选择诉讼或仲裁方式，裁决的最终结果具有同等法律效力。针对优秀运动员与其他市场主体之间的利益冲突，根据新修订的《体育法》第 92 条的规定，平等主体的公民、法人和其他组织之间发生的合同纠纷和其他财产权益纠纷，或者用人单位与劳动者发生的劳动争议，不属于体育仲裁范围。因此，此种纠纷的解决往往还有赖于传统的民事诉讼方式，面对这种局

---

① 王飞，周爱光. 我国体育明星商业开发中权利与权力的冲突与平衡 [J]. 体育学刊，2022，29（2）：58.

面，一方面会浪费运动员宝贵的时间和精力，直接影响正常的训练与比赛。另一方面法院在调解达成过程中，一般会说服运动队等体育管理部门做出妥协、让步，如此需要直接牺牲运动员的个人利益，会对运动员产生较大的负面影响。因此，走诉讼渠道并非运动员维权的明智选择。为此，有学者建议，宜将体育法中的体育仲裁范围扩大到"与体育有关的争端"，如此对于运动员商业活动中的合同争议、商事纠纷等情况，可赋予当事人选择权，与其他普通仲裁形成有限度且有必要的交叉，让当事人通过选择，确定管辖权。并通过成立中国体育仲裁委员会、设置仲裁一裁终局和有限司法审查等原则，构建我国公平、专业、独立的体育争端解决机制。①②

四、守法层面：提升法治观念与法律素养

首先，作为手握权力的体育行政主体，应牢固树立"有权力就有责任"的法律意识，即"法定职责必须为""法无授权不可为"，自觉加强对行政法、民法典、国际私法等法律知识的学习，学会运用法律知识和法治思维来管理体育事务，解决运动员商业开发中的相关问题。同时，还应在训练与比赛之余为管理人员和广大运动员创造、提供学习法律知识的条件和机会。其次，作为市场主体的企业或商家、体育中介从业者、体育传播机构等来说，应该遵守行业规范，恪守职业道德，珍惜与爱护优秀运动员这样难得而宝贵的稀缺资源，注重从长远利益出发，

---

① 李智. 修法背景下我国独立体育仲裁制度的设立 [J]. 法学, 2022, 483 (2)：172-173.

② 李智. 修法背景下我国独立体育仲裁制度的设立 [J]. 法学, 2022, 483 (2)：162-175.

真正建立起平等合作、相互信赖意义上的伙伴关系，而不仅仅是把优秀运动员作为短期牟利的工具。最后，对于优秀运动员个人而言，应树立"没有无义务的权利，也没有无权利的义务"意识，积极主动学习法律常识，合理表达利益诉求，在国家法律政策范围内合法从事商业活动，学会运用法律手段维护商业活动中自身合法权益。在具体商业活动中，需要加强道德自律，规范个人言行举止，注意维护体育行业形象。作为公众人物，更应该吸取不少国内演艺人士偷税漏税的教训，做到依法纳税，践行社会责任，积极参与社会公益活动，弘扬体育正能量。

第二节　优秀运动员商业行为制度落实的路径

一、拓展与深化运动员培养机制

（一）科学合理界定运动员产权

明晰我国运动员培养过程中投资主体的产权问题，有利于从源头上解决优秀运动员商业行为中的利益纠纷。一方面，需要弱化举国体制下对运动员培养的大包大揽的做法，进一步利用社会资本拓宽运动员培养的路径。实际上，除了以田亮、刘翔、宁泽涛为代表的国有产权培养模式外，而处于混合产权下的姚明、李娜，以及处于私人产权下的丁俊晖等优秀运动员同样能够在国际体坛叱咤风云、大放异彩。当然，不可否认他们的成功与竞技运动项目的特点、商业发达程度密切关联，不过从中仍能看出我国体育事业改革的大方向是加强社会培养机制。另一方面，建立运动员培养过程档案。在运动员培养过程中，详细记录运动员训练与比赛，以及相关投资主体的变化情况，让运动员成长过程公开化、明晰化，这样有利于明确运动员个体与集体、国家之间的投入和产出比例，权利与义务关系的变化，减少或避免将来运动员从事商业活动的利益纠纷。

（二）完善文化教育培养体系

运动员文化教育对我国竞技体育事业的可持续发展起到举足轻重的作用。我国竞技体育成绩有目共睹，而作为优秀运动员典型的优秀运动员在某种程度上更是我国国家形象的代表，除进一步提升运动员的竞技水平外，尤其不能忽视对其文化素养和综合素质的培养。具体而言：首先，各级体育管理部门、机构均应以重视运动员自己的身份，规范个人行为，正确认识个人与集体、国家之间的关系为教育重点。运动员经过长期艰苦训练与比赛，为国家和民族赢得荣誉，可以通过合法的商业活动获得特定的收入，用于改善个人及其家庭生活；如果运动员代表国家队比赛时，应注重将国家利益摆在首要地位，不能因个人利益有损国家整体形象。其次，可借鉴美国 NCAA 体育人才培养模式，培养运动员坚持体教融合、内涵式发展，促进运动成绩与文化学习共同提高。这要求体育管理部门与社会教育机构、高等学校等积极合作，在训练比赛间隙为运动员安排基础教育必修课，同时加强思想政治教育，提高运动员的责任意识。最后，体育管理部门应主动寻求与媒体、体育经纪机构合作，积极强化优秀运动员公众形象，让"竞技成绩优秀、文化素养较高、综合能力出色"等成为优秀运动员公众形象的代名词。①

二、推进法人治理与市场化管理

改革开放以来，从市场经济体制的初步确立、市场在资源配置中的基础性作用到决定性作用的发挥，经济体制的变革使得个体、社会、国家三者间的依赖程度逐渐弱化。此变化赋予体育组织一定的自治空间和个体行为权利，有利于社会资源的优化配置与重组、社会组织创造力的发挥，以及个体社会价值的实现。

（一）推进市场化管理

优秀运动员利用自身优异的运动成绩和较大的社会影响力获取经济利益，某种程度上属于支配自我、实现个人价值和社会价值相统一的路径。运动员商业活动是种市场化行为，而市场化行为规范管理的最佳办法是遵循市场规则，运用法律手段进行调节和约束。面对复杂多变的市场状况，运动员商业活动中可能会遇到各种各样的复杂问题，对运动员商业行为的有效管理，仅仅依靠国家体育行政管理部门的干预还不足以解决实际问题。因此，体育行政管理部门应适应体育体制改革"小政府、大社会"的发展趋势，进一步推进简政放权，由管理向服务转变，建立健全与市场经济体制相适应、更加开放、更具活力的竞技体育产业运行机制，逐步建成办事高效、运转协调、行为规范的体育治理体系，确保运动员商业行为走向规范化，实现国家、市场与运动员多方利益主体的合作共赢。

---

① 胡宣，覃雪梅，史曙生，等. 我国运动员商业代言问题研究 [J]. 体育文化导刊，2019（9）：81-82.

（二）强化俱乐部治理

体育管理部门应会同国有资产管理部门对运动员无形资产进行资产评估，按照国家、社会、个人的股权结构组建股份制体育俱乐部，使体育俱乐部拥有包括国家在内的出资所有者形成的全部法人财产权或将国家队直接改组为国有法人企业，使其成为享有民事权利、承担民事责任的法人实体，并按照现代企业制度的要求，完善法人治理机制，减轻其对政府的过度依赖。通过界定各方产权，实现各出资人共同分享收益和风险，实现国有体育资产的合理流动与优化配置，使我国体育事业最终步入依托社会、自我管理、自主经营、自负盈亏、自我发展的良性运行机制。权、责、利相统一不仅有助于各方主体齐心合力开发运动员商业价值，而且有利于解决运动员商业行为中的利益纠纷。

三、建立体育经纪制度

2019 年《关于促进全民健身和体育消费推动体育产业高质量发展的意见》提出，"发展体育经纪人队伍，挖掘体育明星市场价值"；2021年《"十四五"体育发展规划》强调，"探索建立体育经纪人制度"；《体育法（2022 年修订版）》在第 71、72 条规定，"培养体育经纪业态，支持运动员职业化发展"。上述诸多条款表明，运动员职业化发展离不开体育经纪"中间人""润滑剂"的角色与作用。因此，建立体育经纪制度成为体育明星商业行为治理的重要议题。

（一）成立体育经纪协会

体育经纪组织的组建不仅有利于推进体育经纪行业管理、提升工作效率，而且可以在形象维护、业务推广、经验交流等方面发挥积极作用。在此基础上，应积极筹备、建立全国性的体育经纪协会，推动体育经纪活动的有序开展，指导与监督地方经纪协会业务。具体可赋予体育经纪协会以下权利：地方体育经纪协会业务指导权、体育经纪活动及其收益保障权、业务培训权、对外业务交流权、职业道德和执业纪律检查与监督权、体育经纪纠纷调解权等。①

（二）加强多方协同治理

首先，加强对体育经纪人的宏观管理。由国家体育总局组织各方专家起草、制定相关政策法规，授权各项目管理中心对本部门体育经纪活动进行监督与管理。其次，明确各单项体育协会的职责。各协会负责制定本项目经纪人规章制度，与体育经纪协会联合组织本项目经纪人的教育、培训和考核工作，并切实履行本行业的监督管理职责。再次，体育经纪协会应协同体育行业协会就体育经纪人的资格认定、岗前培训与考试、行纪过程中的事务咨询与纠纷解决、年终考核等事宜进行商定，达成一致性意见。最后，协同市场监督、税务、审计相关部门，形成政府部门、行业协会及其他相关部门分工明确、衔接顺畅、协同有力的治理体系。

（三）健全经纪运行机制

一是强化在职进修机制。随着运动员职业规划、商业代言、理财咨询等多元需求的增加，体育经纪人需要及时"充电"、进修学习，进一步丰富和发展相关专业知识与技能，为运动员商业行为提供更全面、优质的服务。二是增设信息揭露机制。促进体育经纪人和运动员之间的信

---

① 王桢，宋俊潼. 美国体育经纪人制度的经验启示与比较借鉴［J］. 北京体育大学学报，2021，44（7）：99-101.

任与合作，避免在运动员商业赞助合同签订、佣金收取、税费申报等方面使运动员利益受损。三是健全奖励惩罚机制。对经纪行为规范、信誉良好的体育经纪人可授予星级，并在一定执业年限后减少保证金数额。相反，对于多次有违规行为的从业者，应给予告诫并没收其保证金，责令其数倍重新缴纳。①

四、落实商业体育合同制度

竞技体育市场化、产业化背景下，对运动员商业行为的管理应适应市场规则，采取合同管理的方式。以运动员为主体，国家体育管理部门、职业体育俱乐部、商家或企业为相对方，应具体落实以下三类合同。

（一）落实运动员与体育管理部门的合同

体育管理部门与运动员作为合同当事人理应属于平等的民事法律关系，但因为双方存在管理与被管理的关系，实际影响双方当事人合同签订的内容与效果。例如：《国家队运动员商业开发合同（2006）》中规定"运动员以国家队运动员和个人名义的商业开发权均属甲方所有"，即运动员一旦进入国家队，其以国家队运动员身份的商业开发权就不再归属于自己，诸如此类的合同并不少见。有鉴于此，在普及合同当事人之间地位平等常识的基础上，可先从改善当事人双方关系做起，再规范运动员参加商业活动合同的内容。作为运动员，首先应将准备参加商业活动的有关情况与体育管理部门进行及时沟通，争取运动队和主管部门

---

① 王桢，宋俊潼. 美国体育经纪人制度的经验启示与比较借鉴［J］. 北京体育大学学报，2021，44（7）：99-101.

对该商业活动的支持。在运动员商业活动计划确定的情况下，双方本着友好协商的原则，利用合同关系明确各自的责、权、利。作为体育管理部门，首先应公开运动员商业开发以及商业活动行政规章等内部文件，在征得运动员明确同意的基础上，根据运动员报备的具体内容再签订合同；其次，在大型体育比赛前后留足一定的"窗口期"，为运动员商业活动提供时空便利，保证运动员能够安心训练与比赛；① 最后，详细记录运动员参与商业经营活动的情况，并引入动态评估机制。

（二）落实运动员与职业体育俱乐部的合同

针对部分体育俱乐部利用自己的优势地位与运动员签订不公平合同而牟取非法利益的问题，国家体育管理部门应明确此种做法违反了《中华人民共和国民法典合同编》的相关规定，构成了对运动员合法权益的侵犯。在此基础上，积极出台合同范本，明确对运动员商事人格权的保护，禁止俱乐部利用自身优势地位无偿使用运动员人格标识，或者迫使运动员签订有失公平的合同。职业体育俱乐部与运动员所签订的合同应遵循市场经济规律，合同内容应尊重运动员的合法权益，在使用运动员人格标识问题上，双方需在合同签订过程中积极沟通、平等协商。"在征得运动员本人同意或授权后方可使用，并且支付相关费用"，此条款必须在双方签订的合同中予以明确。另外，对于双方因合同产生的纠纷，可申请体育行业内部调解或选择外部商事仲裁加以解决。

（三）落实运动员与企业的合同

在运动员与企业签订的商业合同中，可将运动员人格标识的使用方

---

① 张志伟. 现阶段运动员形象商业开发和利益分配制度的完善［J］. 西安体育学院学报，2019，36（1）：23-25.

式与期限、道德条款的设置作为合同的重点，如运动员商业赞助合同中需充分考量运动员个人赞助与团体赞助、赛事赞助的冲突预防与解决策略。设置道德条款的目的不仅在于约束运动员的个人行为，而且也对企业的社会责任提出了更高要求，若企业方产品质量不过关、服务存在明显瑕疵或严重违反社会公共利益时，运动员可单方面终止合同，尽可能减少个人经济与名誉损失。

五、依法成立运动员工会组织

依法成立我国运动员工会组织，有利于更好地保障运动员商业行为中的正当、合法权益。比较英美等体育发达国家均成立了不同形式的运动员工会或协会组织，典型的有美国职业篮球联盟球员工会（简称 NB-PA）、英国职业足球运动员协会（简称 PFA），而同为亚洲国家的日本和韩国也相继成立了棒球球员工会。球员工会所具备的谈判职能、维权职能、服务职能等，可为优秀运动员商业行为提供更全面的指引和帮助。以 NBPA 为例，球员们可以在职业生涯任何阶段向工会寻求帮助，例如，球员受到联盟的罚款和停赛处罚，可寻求球员工会支持代为申诉；协调解决球员和代理人之间的纠纷问题等。而在我国成立职业运动员工会也不缺乏法律依据和法理支撑。在法律依据上，根据我国《劳动法》第 7 条，"劳动者有权依法参加和组织工会。工会代表和维护劳动者的合法权益，依法独立自主地开展活动"。《中华人民共和国工会法》第一章第 3 条，"在中国境内的企业、事业单位机关中以工资收入为主要生活来源的体力劳动者和脑力劳动者，不分民族、种族、性别、职业、宗教信仰、教育程度，都有依法参加和组织工会的权利。任何组织和个人不得阻挠和限制"；在第二章第 10 条，"同一行业或者性质相近的几个行业，可以根据需要建立全国的或者地方的产业工会"。职业运动员的劳工结社权、集体谈判权、会员法律资格等也构成了组建成立这一组织的法理基础。因此，从维护运动员权益现实需求出发，尽快建立我国职业运动员工会或协会组织已经势在必行。① 不过，该问题的进一步落实应避免落入传统工会条款的窠臼，也有赖于独立的体育仲裁机构的建构以及符合各利益相关方的统一条款等问题的解决。

第三节　优秀运动员商业赞助法律治理的路径

一、优秀运动员商业赞助合同冲突的解决路径

（一）运动员个人合同与体育团体合同冲突的解决路径

1. 运动员与运动队、体育代表团之间的法律关系

厘清运动员与团体之间的法律关系是确定团体赞助合同的效力范围，以及分析运动员赞助合同有效性的先决条件，也是作为后面分析选择何种救济途径的依据所在。

（1）运动员与运动队之间的法律关系

运动员和运动队之间的关系主要基于运动员的训练和竞赛活动而生成，训练和竞赛关系构成双方权利义务关系的核心内容。从管理层面来

---

① 陆广，邹师思，周贤江. 我国职业运动员工会之法律体系构建：域外经验与本土实践［J］. 武汉体育学院学报，2019，53（7）：54-58.

看，运动队通过制定合理的规章制度约束和管理运动员，运动员有义务遵守纪律。从训练与比赛来看，运动员根据运动队教练的安排进行训练，运动队同时也负有提供场地设施、康复理疗等条件和支付工资等物质保障义务。运动员在享有训练条件和保障的基础上，其竞技能力的使用权也因此归运动队支配。总体来看，双方权利和义务内容符合我国《劳动法》规定中劳动法律关系的基本特征。但是，训练和竞赛关系有别于一般的劳动关系，即以训练作为基本内容、竞赛作为主要目标、准军事化的人身管理、劳动方式的高风险性、劳动服务对象选择的限制性等方面。综上所述，运动员与运动队之间的训练和竞赛关系总体上符合劳动法律关系的基本特征，同时具有一定的特殊性。

（2）运动员与体育代表团之间的法律关系

运动员与临时组建的体育代表团（比如亚运参赛代表团）之间的法律关系并非劳动关系，而是一种有偿劳务关系或义务帮工关系。根据我国的《劳动法》与《劳动合同法》（全称《中华人民共和国劳动合同法》）的相关规定，劳动关系与劳务关系的区别主要在于，劳动关系的当事人之间关系相对稳定、长久，体现的是劳动者、劳动对象、生产资料的结合，并且这种结合是一种稳定的紧密的结合，具有组织性、经营性及社会性的特点，劳动者对于用人单位具有强烈的人身依附性；而劳务关系的当事人之间关系相对松散、短暂，地位平等不具有隶属性，即使劳务的使用者对劳务的提供者具有一定的管理职能，但是这种管理是有限的，是平等基础上的而非隶属关系上的"管理"。如果代表团不支付运动员劳务关系的费用，二者构成义务帮工关系。根据最高人民法院《关于审理人身损害赔偿案件适用法律若干问题》的司法解释，帮工人因帮工活动遭受人身损害的，被帮工人应当承担赔偿责任。代表团虽然不用支付运动员的劳务费用，但应对运动员在训练与比赛时遭遇的人身伤害情形承担一定的赔偿责任。[①]

2. 体育团体赞助合同的相对性

根据合同的相对性原理，依法成立的合同关系只对双方当事人产生约束力，一般不涉及第三人，法律另有规定的除外。由此来看，团体赞助合同只对签约的双方当事人产生约束效力，违约责任的承担应指向当事人。

（1）体育团体赞助合同对运动员不产生约束力

以 2018 年亚运会"领奖服事件"为例，安踏体育用品公司（以下简称"安踏"）与中国奥委会签订的亚运会赞助合同，该合同的当事人是"安踏"与中国奥委会，而非特定运动员。根据合同相对性原理，"安踏"可以要求中国奥委会履行赞助合同义务，而不能直接向特定运动员主张。即使中国奥委会内部规章规定运动员必须身穿"安踏"领奖服领奖，也无法明确认定运动员需承担安踏与中国奥委会之间缔约的赞助合同为其设定的义务。

（2）当事人先承担违约责任，再追究运动员责任

由于合同责任的相对性，在因第三人的行为造成债务不能履行的情况下，债务人仍应向债权人承担违约责任。债务人在承担违约责任后，可向第三人追加相应的赔偿。作为第三人的少数运动员，未穿官方赞助商"安踏"领奖服登台领奖，影响了中国奥委会与赞助商"安踏"之

---

① 李建星. 体育赞助合同冲突的法律规制路径 [J]. 北京体育大学学报，2019，42 (11)：119.

间的赞助合同的正常履行与实现。此时，"安踏"应要求相对方中国奥委会承担违约责任，再由中国奥委会追究部分运动员的内部责任。

（3）运动员个人合同与体育团体赞助合同冲突的效力

为了规避与团体赞助合同的直接冲突，团体赞助会对运动员的个人赞助作出限制。比如，争议较大的"宁泽涛事件"中，中国游泳队已经与蒙牛品牌签订了团体赞助合同，约定让宁泽涛等明星运动员为该品牌进行商业宣传，并因此约束包括宁泽涛在内的全体运动员与蒙牛的竞争对手签订个人赞助合同。而宁泽涛无视上述规定的限制，私下与蒙牛的竞争对手伊利签订了个人赞助合同，那么此种情况下，运动员私自签订的合同是否有效？可从两个方面来分析：一方面，运动员依法缔约的合同受法律保护，个人商业赞助合同有效。根据合同自由原则，合同主体可以个人真实身份来充分表达己方诉求，进而设立、变更和终止民事权利义务关系。而在现行体育管理体制之下，不少运动队通过内部规章的方式限制运动员合同缔约自由。比如，《国家游泳队在役运动员从事广告经营、社会活动的管理办法》第 3 条，"在役运动员参与商业广告活动及社会活动，必须征得游泳运动管理中心的同意，并由中心批准后按照有关规定进行办理"；第 6 条，"在役运动员不得单方面与商业推广单位及企业签订协议，运动员单方面签署的协议为无效协议；若国家游泳队及游泳运动管理中心根据管理需要不同意运动员参与商业广告及推广活动，则运动员必须遵守"。① 虽然该规章作为劳动合同的附件，对内具有约束运动员的作用，但是根据法律的效力位阶，民法典中的

---

① 游泳运动管理中心. 国家游泳队在役运动员从事广告经营、社会活动的管理办法 [Z]. 2011.

"合同编"或合同法属于基本法，行政性规章属于下位法，不得与上位法相冲突，因此，无法否定运动员个人赞助合同的合法效力。此外，由于合同关系的相容性，在互不影响各自成立的前提下，一名运动员可以同时签订多个合同。即便宁泽涛身为队员负有为游泳队赞助商蒙牛商业宣传的义务，也不可否定其个人与伊利签订赞助合同的成立。另一方面，运动员个人商业赞助合同的生效不影响其承担违约责任。1992 年巴塞罗那奥运会上，"梦之队"乔丹、皮蓬、巴克利等球星用美国国旗遮住国家队服装赞助商"锐步"的标志，以避免违反其与个人赞助商"耐克"之间的赞助合同。2000 年悉尼奥运会上，澳大利亚"飞鱼"索普在领奖台上用毛巾掩盖住国家队赞助商"耐克"的标志，避免与其个人赞助商"阿迪达斯"赞助合同的冲突。所以在认定各方赞助合同均有效的前提下，运动员的此种违约方式，也是综合考量各方利益下的无奈之举。以"宁泽涛事件"为例，运动员宁泽涛按照劳动合同约定，负有为中国游泳队的赞助商蒙牛进行商业宣传的义务，其后来又与游泳队赞助商存在直接竞争关系的伊利品牌签订了个人赞助合同，那么，宁泽涛需要承担对运动队的违约责任。[①] 如果宁泽涛遵守劳动合同，为蒙牛品牌从事商业宣传，那么他需承担对个人赞助商伊利的违约责任。由于合同具有同质性的特点，上述情形同样适用于劳务合同。2018 年雅加达亚运会上，孙杨等少数运动员"错穿"衣服的行为，违反了中国体育代表团与所有参赛运动员之间劳务合同的规定，即获奖运动员须穿指定的服装登台领奖，根据此约定，体育代表团有权要求这部分运动员承担违约的不利后果。

---

① 张晓琳. 宁泽涛"被开除"的是与非 [EB/OL]. 央视网，2017-02-26.

（4）体育团体纪律处罚的法律救济

依法制定的内部规章具有法律约束力，可作为补充劳动合同的附件。不少运动队都出台了针对运动员私自签订个人赞助合同的处罚规定。比如，《国家游泳队在役运动员从事广告经营、社会活动的管理办法》（2011年）第10条，"对违反本规定的运动员，将视情节给予通报批评、警告处分、国家队除名的处分。并追究相关人员的责任"。内部规章中的处罚措施既可视为对违反劳动合同责任的约定，也可视为体育行业协会纪律处罚权的规定。体育行业协会纪律处罚权来源于行业协会的章程、纪律处罚条例和行为准则。体育纪律处罚主要是针对运动员的不当行为做出的，主要包括申诫罚、财产罚和能力罚3种，对应的处罚方式分别为警告和通报批评，罚款，停训、禁赛、降级、取消资格等。在2019年"张国伟被处分事件"中，田径运动管理中心根据《国家田径集训队管理规定》《违反队纪、队规管理处罚办法》给予张国伟通报批评、留队察看，停发训练津贴，禁止参加一切国内国际赛事多项处罚。依据《劳动法》《劳动争议调解仲裁法》的相关规定，运动员因签订或履行了冲突性的个人赞助合同而遭受单位处罚的，可先提起劳动仲裁，然后再向法院提起诉讼。也可在新修订的《体育法》正式生效后，体育仲裁制度落实的前提下，先穷尽内部救济机制，再申请体育仲裁（主要是考虑到成本低廉、节省时间、快速化解纠纷等效果），最后再考虑提起司法诉讼。①

---

①　李建星. 体育赞助合同冲突的法律规制路径［J］. 北京体育大学学报，2019，42（11）：121.

（二）运动员个人合同与体育赛事合同冲突的解决路径

1. 运动员与体育赛事组织方的法律关系

运动员和赛事组织方都属于民事主体，参赛运动员与赛事组织方双方的法律地位平等，构成平等的横向法律关系。不论是一般的民事关系抑或是特殊的劳务关系，参赛运动员与赛事组织方都处于平等的法律地位，法律关系内容体现为各自相应的权利和义务，而非纵向管理性质的权力和义务。具体来说，运动员和赛事组织方的法律关系体现在：首先，主体的确定与不确定性，确定的一方主体是赛事组织方，而另一方运动员仅身份确定，究竟是什么性质的运动员，比如业余运动员、专业运动员还是职业运动员，以及哪些国家的运动员则都具有不确定性；其次，关系性质上，运动员和赛事组织方法律地位平等，是非纵向管理上的权力与服从关系；最后，关系内容上，表现为各自的权利和义务。虽然二者民事关系平等，各自的权利与义务需经过协商一致后确定，但在体育赛事举办过程中，因为运动员的不确定性，赛事组织方无法一一沟通确定与所有参赛运动员之间的权利义务，往往会以预先拟定的格式条款形式来确定运动员的参赛事宜，即同意参赛或不同意参赛。体育赛事格式条款在降低沟通成本、提高办赛效率方面起到积极作用，但同时构成对合同自由的限制，容易损害相对弱势方运动员的利益。

2. 二者合同冲突的预防策略与解决路径

（1）预防合同冲突的策略

一是赛事组织者的预防策略。预防合同冲突是体育赛事组织者应尽的义务。对于赛事资源、沟通技巧、体育赛事中的权利义务、赛事赞助合同涉及第三方利益、在先的赞助合同等问题，都应该成为预防赛事合同冲突重点考虑的因素。比如，在赛事资源方面，赛事组织者应该容许赛事赞助方合理利用赛事标志；利用比赛间隙，给予赞助商进行一定商业宣传与展示的机会，以回馈赞助商的赞助权益。在沟通技巧方面，与参赛的优秀运动员及其经纪人积极沟通，要求其上报运动员个人赞助清单，做到事先沟通，尽量在比赛前化解冲突风险。在规避在先赞助合同方面，可以借鉴奥运会组委会预防奥运赞助冲突的相关做法。比如，2019 年 7 月，国际奥委会修改了《奥林匹克宪章》第 40 条条款，由原先的"除非获得国际奥委会执委会的批准，任何参加奥运会的运动员、教练、训练人员或官员，都不能让自己、自己的名字、照片或者运动表现在奥运会期间被用于广告目的"修改为"参加奥运会的运动员、代表队工作人员和其他代表队工作人员，可以按照国际奥委会执行委员会确定的原则，在奥运会期间将其姓名、照片或者体育赛事用于广告宣传"。条款的修改是运动员、奥委会、奥运赞助商等多方主体利益协商的结果，表明国际奥委会的态度开始逐渐向运动员倾斜。值得注意的是，第 40 条的修改并非运动员权利的无限放大，"放权"的前提在于国际奥委会执委会确定的底线原则，即各国奥委会在不违背《奥林匹克宪章》的前提下，制定具体的运动员商业赞助规则。① 在运动员服装和器械方面，《奥林匹克宪章》第 61 条之附则，如果物品和器材厂家的标识超过一定限度，即视为带有突出的广告目的。例如，衣服（T 恤衫、短裤、运动衣和运动裤）：任何厂家标识如大于 12cm^2，即被视为有突出标记。违反前述规定者将会被奥运会组织者禁止进入体育场馆。

---

① 丰佳佳.《奥林匹克宪章》"条款 40"内容被修改［N］.中国体育报，2019-07-11（1）.

任何违反本条款规定的行为将导致有关人员丧失比赛资格或撤销其注册。国际奥委会执行委员会有关这一问题的决定将是最终决定。综上来看，赛事组委会通常规定参赛运动员不得签订与赛事组织方相冲突的合同，对于冲突性赞助合同，组织方可通过控制赛场准入或取消比赛资格的方式加以解决，此举措不仅可以有效规避在先赞助合同对体育赛事赞助计划产生的干扰，还可以有效防范隐性营销损害赛事赞助商权益的不利后果。

二是运动员及其赞助商的注意义务。尽管体育赛事组织方采取了预防冲突的相关措施，但对运动员及其赞助商来说，积极主动的注意义务也是必不可少的。运动员及其赞助商的义务主要表现在：第一，了解体育赛事赞助方面的法律规定及相关规则。以奥运会为例，2004 年雅典奥运会前，希腊颁布了《奥运会和残奥会规则（2004）》，旨在规制奥运会期间的广告行为。法令中规定，未经奥运会权利人授权，禁止在城市市区、赛事场馆及其上空、周边建筑物发布任何形式的广告，也不得利用公共交通工具在赛事周边从事广告宣传；未经奥组委许可，禁止利用与奥运相关物品进行广告宣传，违者将处以一定数额的罚金，并可能面临监禁；多次实施侵权行为的，将以首次罚金双倍数额进行处罚。此外，也有禁止"穿着赛事赞助商的竞争对手提供的衣服，企图吸引电视观众注意，违者必须进行更换，否则会遭驱逐出场"方面的规定。2012 年伦敦奥运会，英国出台禁止商家在奥运场馆外的特定区域进行隐性营销，以及按上限处罚等法律规定。第二，事先查清体育赛事的主要赞助商及时进行规避。参赛运动员可在报名阶段就个人参赛信息以及商业赞助情况进行报备，提交赛事组织方审查，如果审查未能通过，除去个人身份信息外，很有可能出现赞助商互为竞争的情形，此种情况下，运动员若想参加比赛，不得不放弃现有赞助或直接更换赞助商。如果顺利通过组委会审查，基本确定运动员可以顺利参赛，赞助商的权益也能够得到保障。当然，也会有例外情况发生，比如赛事方临时更换主赞助商，导致运动员及赞助方未能及时知晓。2017年世界斯诺克中国公开赛上，丁俊晖在赛前练习时被赛事组织方要求去掉个人赞助商胸标，原因是与赛事冠名赞助商存在利益冲突，一度让他无法上场比赛。

（2）赞助合同冲突的解决路径

优秀运动员商业赞助合同与赛事赞助合同冲突属于体育商事纠纷，违规运动员可能会受到驱逐出场、取消比赛成绩、禁赛等处罚。法谚有云，"无救济则无权利"，运动员如不服处罚，主要有内部救济和外部救济两种途径。一是内部救济。内部救济主要是向体育组织内设专门机构进行申诉，请求裁决的制度安排。常见内部救济方式是申诉。以国内CBA职业联赛、中超联赛为例，目前，中国篮球协会和中国足球协会均成立了仲裁委员会，尽管这里的"仲裁"并非我国仲裁法意义上的"仲裁"，但毕竟为国内运动员的纪律处罚救济提供了方便之门。另外，从部分典型国际体育组织来看，国际篮球联合会FIBA设立了独立仲裁机构"BAT"，国际足联在《FIFA处罚准则》第118条中，处罚相对人对纪律委员会做出的任何决议都可以向申诉委员会提起申诉。体育行业协会的内部救济机制的设置可从经济成本和行业自治两个方面进行分析。从经济成本角度来看，内部救济制度的安排具有一定的经济合理性，即申诉机制在产生的收益大于因此带来的管理成本。内部申诉机制提供了纠正不当处罚决定的正当程序。从行业自治来看，提供相应的内部救济也是基于维护该行业秩序的需要。不过，单纯依靠体育行业协会内部救济难以保证裁决的中立性，外部救济不可或缺。二是外部救济。独立的体育仲裁是外部救济的典型方式。原《体育法》第 32 条，在竞技体育活动中发生纠纷，由体育仲裁机构负责调解、仲裁。由于各种历史原因，我国的体育仲裁制度一直未能有效建立起来。不过，可喜的是，《体育法》修订工作已经完成，我国的体育仲裁制度即将正式落地。新修订的《体育法》第 91 条，国家建立体育仲裁制度，及时、公正解决体育纠纷，保护当事人的合法权益。第 92 条，对体育社会组织、运动员管理单位、赛事活动组织者按照兴奋剂管理规定作出的取消参赛资格、取消比赛成绩或者禁赛处理决定等不服的体育纠纷已经正式纳入体育仲裁的受理范围。因此，针对我国篮球、足球职业联赛中，运动员因商业赞助冲突而被赛事主管部门处罚的，可以寻求体育仲裁的救济。不服仲裁决定的，可向国际体育仲裁院（CAS）申请救济。需要说明的是，CAS 上诉仲裁将内部救济设置为必要的前置程序，即处罚相对人只有在穷尽内部救济之后才有向 CAS 申请上诉的权利。从全球体育法的实践来看，大型体育赛事比如奥运会期间的体育纠纷都是依靠国际体育仲裁院特别仲裁机构来解决的。CAS 作为全球性体育纠纷解决机构，扮演类似"体育最高法院"的角色，CAS 的一裁终局及其法律效力，要求仲裁当事人应当遵守。[①]《奥林匹克宪章》第 59 条规定了 CAS 特别仲裁机构对奥运会期间体育纠纷的排他性管辖权，所有参加奥运会的运动员所填写的参赛报名表中，都包含了接受 CAS 专属管辖权的强制性仲

[①] 张文闻，吴义华．程序正义与权利保障：国际体育组织处罚权行使的原则及实现机制 [J]．上海体育学院学报，2018（3）：42.

裁条款。一般情形下，仲裁庭裁决时间为24小时内做出，裁决立即生效，即为最终结果，会立即通知当事人知晓。依据《国际体育仲裁委员会与体育仲裁院章程与规则》中的规定，"当事人在瑞士无住所、惯常居所或营业机构且仲裁协议或随后所签之协议，特别是在仲裁开始时所签订的协议，已明示排除所有撤销程序时，不得通过撤销之诉对裁决提出异议"。对国际体育仲裁院特别仲裁机构做出的仲裁决定不服的，可以请求瑞士联邦最高法院的介入。值得注意的是，瑞士联邦法院在行使介入权的时候，一般需考虑仲裁协议效力优先、技术事项例外、用尽内部救济这三条原则。

（三）运动员个人合同与职业体育联盟合同冲突的解决路径

1. 运动员与职业体育联盟之间的法律关系

职业体育联盟以CBA联盟为例，CBA联盟实际指代的是CBA公司，而CBA公司是由中国篮协和各职业体育俱乐部联合组建、成立的一个公司，每个代表都是以独立身份加入CBA公司的。CBA公司组织举办CBA职业联赛，各参赛俱乐部（球队）处于CBA公司的管理之下，而各球员属于各自球队，受俱乐部管理，球员在职业联赛打球，领取自己的工资、奖金等报酬，纳入社会劳动和保障范围，受我国《劳动法》《劳动合同法》的保护，因此，总体而言，运动员与职业体育联盟之间的法律关系属于劳动关系。

2. 二者合同冲突的解决路径

既然运动员与联盟之间的法律关系属于劳动关系，而且在劳动关系中劳动者和用人单位的关系具有从属性的特点，所以劳动者需接受体育联盟的管理。不过，作为劳动方的运动员能否拥有个人商业赞助，很大程度上取决于其在职业体育联盟中的地位高低和影响力大小。因为在国外职业体育劳动合同中，运动员的个人工作合同往往采用格式合同的法律形式，但在符合集体合同条款的前提下，运动员与俱乐部、联盟可就具体的赞助事宜进行灵活协商。比如，"飞人"乔丹在 NBA 联盟就享有独家赞助的特权。迈克尔·乔丹曾在职业生涯早期做出了一项战略性的授权业务决定，即不参与 NBA 联盟的集体授权项目。这意味着他无法获得均等分配的 NBA 授权收益。任何一家 NBA 授权的企业若要在其产品中使用乔丹的形象，都需要与乔丹单独签订一份协议。这一举措意味着乔丹不需要与其他 NBA 球员以及所在俱乐部分享授权费。此外，他可以从希望使用其形象和肖像的任何一家企业获得利润丰厚的合同。这个小小的战略性举措为乔丹创造了数百万美元的收入。在他漫长而辉煌的职业生涯中，乔丹将其形象授权给多种产品的企业，如服装、运动器械、小塑像、收藏币、盘子、限量版金卡、手表、香水、限量版签名以及签名的精美艺术品等。每一份赞助协议都为乔丹创造了价格不菲的收入，同时也大大强化了 NBA 联盟在国际篮坛与职业体育联盟中的影响力。[①] 当运动员个人商业赞助与联盟赞助相冲突时，运动员可能会受到罚款、禁赛等处罚，处罚的依据通常写入职业联赛纪律准则中。比如，《中国男子篮球职业联赛纪律准则》第 2 条明确规定，"联赛纪律部门遵循独立、公开、公正、公平、处罚与教育相结合的原则对违规违纪行为及时作出处罚及相关决定。违规违纪行为触犯国家有关法律法规的，应当根据相关法律法规的规定，由违规当事人承担相应的民事或刑

---

① 丹尼尔·J. 布鲁顿. 体育营销［M］. 史丹丹，译. 北京：清华大学出版社，2017：35.

事法律责任。"针对体育联盟做出的纪律处罚，运动员可通过内部申诉和外部仲裁的方式寻求救济。上述案例中，运动员通过内部申诉的方式来对自身受损权利进行救济，也可以选择中国篮协仲裁委员会进行内部仲裁。关于内部仲裁，2022 年 6 月，新修订的《体育法》第 95 条规定，"鼓励体育组织建立内部纠纷解决机制。体育组织没有内部纠纷解决机制或者未及时处理纠纷的，当事人可以申请仲裁。"不过，内部仲裁既不是《体育法》所规定的体育仲裁机构，也不是《仲裁法》所规定的仲裁机构，不具有独立性的特点，所做的裁决以及处理决定不具有法律规定的"一裁终局"的效力。关于体育仲裁，新修订的《体育法》第 91 条，国家建立体育仲裁制度，及时、公正解决体育纠纷，保护当事人的合法权益。第 96 条，"对体育组织的处理或者决定不服的，自当事人受到体育组织的处理或者决定之日起 21 日内申请体育仲裁。"因此，在新《体育法》修订完成的基础上，尽快设立我国体育仲裁机构，建立起体育仲裁制度，有利于进一步维护运动员及其赞助商的权益，促进优秀运动员赞助市场的良性运行与发展。

二、优秀运动员商业赞助合同条款的适用及完善

（一）优秀运动员商业赞助合同条款的适用

1. 不可抗力条款

不可抗力是指无法预见、不能避免且难以克服的客观情形。自然灾害、政府行为、社会异常事件是不可抗力的主要类型。2019 年，全球性新冠疫情暴发，诸多体育赛事因为疫情无法举办，优秀运动员商业赞助合同因此不能履行。从学理上看，全球性新冠疫情应属于自然灾害类

的情形。2020 年，最高人民法院《关于依法妥善审理涉新冠疫情民事案件若干问题的指导意见（一）》提出依法适用不可抗力原则："对于受疫情或疫情防控措施直接影响而产生的民事纠纷，符合不可抗力法定要件的，适用《中华人民共和国民法通则》第 180 条，《合同法》第 117 条、118 条等规定妥善处理；其他法律、行政法规另有规定的，依照其规定。当事人主张适用不可抗力部分或全部免责的，应当就不可抗力直接导致民事义务部分或全部不能履行的事实承担举证责任。"2021 年正式实施的《民法典》第 590 条，因不可抗力不能履行合同的有关规定，当事人一方因不可抗力不能履行合同的，根据不可抗力的影响，部分或者全部免除责任，但是法律另有规定的除外。无法继续履行的，应及时告知相对方，并在合理期限内提供证明，减轻给对方造成的进一步的损失。因此，结合法律规定以及全国人大法工委的解答，可以推定因为疫情体育赛事无法举办，优秀运动员商业赞助合同不能履行的应适用不可抗力条款。值得注意的是，如果在不可抗力发生之前，当事人出现延迟履行合同情形的，不能免除延迟履行方的违约责任。此情况下一方的延迟履行是合同履行困难的内在原因，不可抗力属于后续的外部原因。

2. 情势变更原则

虽然合同法将契约严守视为一项基本原则，但是情势变更原则的出现与之并不矛盾，反而是在非常情形之下双方合意，继续履行或解除合同的最佳选择。此项原则最早出现在 2009 年最高人民法院的司法解释中。① "合同成立以后客观情况发生了当事人在订立合同时无法预见的、非不可抗力造成的不属于商业风险的重大变化，继续履行合同对于一方当事人明显不公平或者不能实现合同目的，当事人请求人民法院变更或者解除合同的，人民法院应当根据公平原则，并结合案件的实际情况确定是否变更或者解除。" 2021年实施的《民法典》第533条，合同成立后，合同的基础条件发生了当事人在订立合同时无法预见的、不属于商业风险的重大变化，继续履行合同对当事人一方明显不公平的，受不利影响的当事人可以与对方重新协商；在合理期间内协商不成的，当事人可以请求人民法院或者仲裁机构变更或解除合同。人民法院应结合案情实际，依据公平原则做出变更或解除合同的决定。可见，情势变更原则适用条件是相当严格的，应具备以下条件：一是应具备变更或者解除合同的背景，即合同订立的基础出现了变动，在履行时遇到困难；二是变更的时间区限应在合同成立后到消灭之前；三是情势变更的发生排除双方当事人的主观过错；四是情势变更不属于商业风险的范围，且不在双方的预料之中；五是继续维持合同有违公平原则。双方经过重新协商达成协议的，按照新协议确定权利义务关系。反之，可以变更或解除合同并免除当事人责任。

综上来看，在无法适用不可抗力情形，又不属于商业风险的范畴，但属于优秀运动员商业赞助双方在订立合同时无法预见，且继续履行对任何一方显失公允的情形下，可以考虑适用情势变更原则，将其作为主张解除合同或者免除责任的抗辩理由。

---

① 最高人民法院. 关于适用《中华人民共和国合同法》若干问题的解释（二）[Z]. 2009.

3. 道德条款

"道德条款"最早出现在美国娱乐行业，起初被应用于好莱坞电影公司与演员之间的合同中，后来逐渐扩展到其他相关领域，尤其常见于明星赞助合同中。例如，1921 年美国环球影业制定的道德条款，"任何演员都须同意，自身行为须符合公共道德及传统，他（她）也须同意，自己不会从事任何给社会蒙羞或引发公众愤慨、嘲笑之事，不会试图攻击、触犯社会观念或违反公共道德与价值观，不得损害环球影业公司或动作片行业的利益。如对上述条款有任何违反之处，环球影业公司有权撤回合同或宣布合同无效，但须提前 5 天通知对方。① 1997—2003 年，美国体育赞助合同中一半以上都含有道德条款，不少优秀运动员更是因触犯道德条款而合同终止。比如"七届环法王"阿姆斯特朗因兴奋剂丑闻被赞助商耐克解约，"老虎"伍兹因婚外情与佳得乐公司分道扬镳。② 道德条款判断方一般是赞助商。赞助商会在判断运动员是否违反道德条款方面规定通常拥有较大的自由裁量权，如果运动员有触犯道德条款的行为但其影响不构成对赞助商经济利益和商誉的严重损害，赞助方一般不会行使合同约定的权利。不过很多时候，运动员的某些行为难以构成"道德条款"所禁止的行为，实际上不足以给赞助商带来较大的经济利益损失，此时赞助商可能会借助于道德条款解除合同。比如，NBA 前球星克里斯·韦伯曾与 FILA 公司签下一份商业赞助合同，合同中约定了相应的道德条款，FILA 公司在运动员触及刑事处罚的情形下

---

① 赵毅. 意大利法镜鉴下的体育赞助合同：恒大亚冠违约案引发的思考 [J]. 体育与科学, 2016, 37（2）: 77.

② 钱思雯. 体育人才协议中的道德条款研究：兼论道德条款义务与运动员权利的协调 [J]. 体育学刊, 2020, 27（1）: 47.

拥有单方面合同解除权。一次韦伯在过境时被查出非法携带大麻而遭到罚款，相关媒体报道了此事，FILA 公司得知后，以运动员的不当行为损害公司形象为由解除了合同，韦伯对此表示不服，向地方法院寻求帮助，法院通过审查合同中的道德条款，发现双方约定解除合同涉及的是刑事违法案件，而非普通的行政处罚，法院最终判定韦伯胜诉。①

实践中，道德条款的范围取决于运动员及其经纪人与赞助方之间的谈判能力。对于赞助方来说，道德条款越宽泛越有利于维护自身形象与利益，容易规避运动员不当行为带来的风险。因此，赞助方一般更喜欢以"任何涉及道德败坏的行为"等宽泛语言对道德条款进行表述；而对于运动员而言，倾向于明确道德条款的范围，对不当行为做出明确化的列举规定，增强合同的可预见性与准确性，从而有利于加强自律，减少被相对方滥用权利的机会。如果运动员的实力足够强大，能够在赞助合同谈判中赢得主动地位，甚至可以"反转道德条款"，限制赞助方的相关不当行为。

4. 排他条款

该条款主要用来限制被赞助方的体育组织、运动队或运动员与赞助商的直接竞争对手签订类似合同。典型的案例如孙杨个人赞助商 361°与国家队赞助商安踏之争，宁泽涛个人赞助商伊利和游泳队赞助商蒙牛之争。运动员个人赞助合同与国家、单项体育协会等赞助合同出现了冲突，归根结底损害的是赞助方的权益。因此双方需要在合同中约定赞助冲突条款。如果受赞助的运动员不履行合同或擅自接受竞争对手赞助

---

① 孙良国，杨艳. 体育赞助合同中的道德条款研究 [J]. 体育与科学，2016，37（1）：27.

的，赞助商可提起不正当竞争之诉，要求竞争方赔偿经济损失，再追究运动员的违约责任。

（二）优秀运动员商业赞助合同条款的完善

合同双方当事人对赞助事项的风险防范应落实到具体的合同条款中，合同条款对于风险防范、纠纷解决以及对当事人权益保障方面发挥着至关重要的作用。而对合同条款的评价主要从主体资格及内容的合法性、合同条款的明确性、权利义务的指向性等方面展开。主体资格与合同内容的合法性与否是决定合同能否成立并生效的首要因素，因此，双方当事人应就主体资格以及赞助内容合法性进行全方位的相互审查。合同条款的明确性需要双方当事人根据赞助合同需要设置所需的基本条款，条款内容应尽可能细化、明确化，避免模糊性表述、歧义性字眼等。合同条款细化、明确化，可最大程度地规避潜在的合同风险以及对后续的纠纷解决等起到关键作用。权利义务的指向性不仅需要明确当事人各自的权利与义务，而且需要注意合同内容的可识别性，尤其是义务可识别性和违约可识别性。比如在体育赛事赞助合同中，需要双方当事人就义务履行的时间、地点、方式进行特别约定，义务主体的可识别性主要体现在赞助方财物的及时到位、赛事组织方依法保障赞助方商业权益的实现上；违约的可识别性上，需要明确约定双方当事人可识别的违约行为，在法律规定范围内的赔偿金额，以及承担相应的法律责任。

第四节　优秀运动员广告代言法律治理的路径

一、强化优秀运动员广告审查机制

广告审查属于事前监督，只有强化事前监督，才能最大程度地从源头上控制各种违法违规、虚假广告的出现。就优秀运动员广告代言而言，在役运动员的广告代言一般要经过运动项目管理中心的同意以及国家体育总局的最终批复，退役运动员的广告代言则直接由市场监督主体进行审查。就在役运动员广告代言而言，我国体育管理部门在行使行政权力的同时，也负有审查运动员广告代言内容的义务，不过，审查的重点应放在违禁违规代言层面，即运动员广告代言符合我国《广告法》中的禁止性规定，以及符合体育行业的基本惯例。相对而言，这种审查属于体育行业内部审查，职责重大，实践中应谨防"白沙烟代言"的惨痛教训。目前，我国的广告审查一般采取"二审终审"制度，不过对于医疗、药品、保健食品类等则采取特殊以及严格的审查方式和程序。比如，2020年3月1日起施行的《药品、医疗器械、保健食品、特殊医学用途配方食品广告审查管理暂行办法》（国家市场监督管理总局第21号令）就"三品一械"的审查标准和程序进行了进一步明确，以及明确特别注意的禁止性规定。对于普通广告，根据《广告法》第34条，主要由广告经营者和广告发布者进行先行审查。实践中，很多广告的内容在送审与正式发布之间差异较大，而广告审查机关未严格按法律法规的相关规定进行审查，给许多虚假广告以可乘之机。因此，我国应当建立严格的广告审查制度，一是将广告行政管理机关的审查与行业自律组织审查结合起来。具体地，一方面，明确行政机关审查的权限范围，重点将消费者的人身和财产安全放在首位，比如将食品、保健品、酒类等广告列为重点审查对象，并建立内部问责机制。另一方面，积极发挥广告行业协会在广告审查中的主体作用，对广告主、广告经营者、广告发布者以及广告代言人进行自我管理与自我约束，进一步优化审查员资格认证和管理制度。二是注重对广告内容的审查，改变以往流于形式审查的方式，严把广告内容的真实性、科学性，减少优秀运动员虚假广告代言发生的机会与概率。

二、严格优秀运动员广告执法与监督

针对优秀运动员广告代言，推动体育行业管理向市场化管理的转向与对接，通过市场规律对运动员广告代言活动进行规范和监督。具体地，一是规范执法程序。工商行政管理部门须严格按照《广告法》中规定，重点规范优秀运动员广告代言中的行政许可、行政处罚等执法行为；对优秀运动员广告的设计、制作、发布各个环节进行全程跟踪和重点管理，从而在源头上断绝虚假广告的存在。二是提升广告执法能力。加强广告领域行政综合执法力量及人员配备，严格实施资格管理、持证执法、业务培训等制度，丰富市场执法人员工作经验，确保执法队伍专业化。执法实践中，可联系媒体对违法违规、虚假代言的事件进行跟踪报道，设立公众知情制度。此外，可设立虚假广告消费者投诉举报制度，建立奖励机制，缓解执法队伍人员短缺的困难，提高执法效率。三

是接受执法监督。通过内部行政监察监督和外部的司法监督、社会监督形成合力，防范运动员广告代言在审批、监管等环节存在的"权力寻租"现象，落实行政执法追究责任制，建立有效的权力运行制约和监督机制。

三、明晰与落实优秀运动员代言法律责任

（一）优秀运动员广告代言的应然原则

1. 真实性原则

真实属于广告代言的内在要求。新《广告法》第3条，广告应当真实、合法，以健康的表现形式表达广告内容，符合社会主义精神文明建设和弘扬中华民族优秀传统文化的要求。第4条，广告不得含有虚假或者引人误解的内容，不得欺骗、误导消费者。广告主应当对广告内容的真实性负责。第11条，广告使用数据、统计资料、调查结果、文摘、引用语等引证内容的，应当真实、准确，并表明出处。引证内容有适用范围和有效期限的，应当明确表示。真实性不仅仅针对广告主，也是对广告代言人的基本要求。在市场经济利益驱动下，优秀运动员作为广告代言人容易被广告主所蒙蔽，沦为虚假广告的工具，所以，真实性原则应成为优秀运动员广告代言遵循的最基本的原则，作为商品和服务的代言人需要了解并熟知代言产品或服务的性能、功能、用途、质量、成分、价格等要素，拒绝做虚假陈述，不仅是优秀运动员对消费者和整个社会的基本义务，也是实现消费者知情权、选择权的前提和保障。当然，广告代言中的真实性并不排斥广告画面中附有的艺术性和创新性成分，前提是需要保障真实性这一大前提，艺术性和创新性需在画面下方

进行明示，以保护消费者的知情权。

2. 合法性原则

合法性原则也是优秀运动员广告代言的必然要求，更有利于对消费者合法权益的保护。众所周知，广告代言这一行为具有公共性质，对公众尤其是消费者具有较强的选择倾向和示范效应，因此，违法代言势必会误导消费者并损害其合法权益。而在此强调广告代言的合法性原则不仅是对个别消费者利益的维护，更是对整个社会消费者群体利益的保护。此外，强调广告代言的合法性原则对于维护国家形象与利益、维护社会公共秩序与利益以及公民个人利益等起到重要的法律保障作用。这主要体现在新《广告法》第9条和第10条。合法性原则要求广告代言行为应符合广告法律、法规以及其他规范性法律的相关规定，变相地给广告主以及优秀运动员增加学习并熟知相关法律规定的机会，对于面向社会公共利益的优秀运动员广告代言来说尤为必要。

3. 诚实信用原则

我国《民法典》第7条，民事主体从事民事活动，应当遵循诚信原则，秉持诚实，恪守承诺。这一原则作为民法中"帝王"原则，要求一切市场主体在不损害他人利益和社会公益的前提下追求自己的利益，目的是实现当事人之间的利益平衡，以及当事人与社会公共利益之间的平衡，维持市场道德秩序。就优秀运动员广告代言来说，真实性与合法性原则还不足以规范广告代言行为，因为广告代言不仅仅是一个需要讲究真实、遵守法律的领域，更需要讲良心话、以善意方式行事。同时，广告代言是一种面向大众"替广告主说话"的行为，在经济利益驱动之下，不少名人沦为广告主虚假代言的工具。因此，诚实信用原则应成为优秀运动员代言原则之一，也是包括广告代言人在内的相关主体在整个广告代言活动中应履行的基本义务。在司法实践中，诚实信用原则作为民事行为的基本条款，可直接作为判断广告代言行为违法的依据。强调广告代言的诚实信用原则，对于规范优秀运动员广告代言行为，维护消费者权益具有重要意义。①

4. 社会责任原则

社会责任既可以是法律上的义务，也可以是伦理或道德范畴的义务或者角色定位。② 广告代言是一种面向社会公众的行为，既有经济意义，也有社会意义，往往会对社会公众生活产生深远影响。广告代言人和广告主在从事广告活动时，应承担必要的社会责任，这是由广告代言的公共特性决定的，实际上也是赋予基本的道德义务。而优秀运动员本身就是公众人物的范畴，因此，优秀运动员广告代言不仅要履行法律层面的基本义务，而且需要有更高的道德义务。从这个意义来看，国家体育总局及其下属各运动项目管理中心部分限制优秀运动员代言行为自由、替运动员把控代言产品的种类的行为不无道理。优秀运动员广告代言的社会责任原则首先要求优秀运动员需要拒绝虚假广告，不使用浮夸方式或模棱两可的语言误导受众，欺骗消费者；谨慎代言，尽量做"精品代言"，即代言健康、文明、向上，契合运动员的形象、气质以及符合积极进取、顽强拼搏、永不止步的体育精神的产品或服务。而在实践中，很多优秀运动员未能擦亮眼睛，出现了盲目代言、虚假代言等现象，如白沙烟事件、转基因食用油纠纷案、金融产品"爆雷"事件

---

① 于林洋. 广告荐证的法律规制研究 [D]. 重庆：西南政法大学，2011.
② 陈书睿. 优秀运动员社会责任的法学分析 [J]. 天津体育学院学报，2011，26（1）：54.

等。因此，强调优秀运动员广告代言的社会责任具有重要的现实意义。

（二）优秀运动员广告代言责任的性质

新《广告法》规定，名人从事虚假广告代言，需承担连带民事责任。至于具体承担什么样性质的连带责任，新《广告法》中未能明确，学界目前对此也存在一定的争论，主要存在违约责任、缔约过失责任和侵权责任三种代表性观点。

1. 违约责任

优秀运动员广告代言责任属于违约责任。理由在于：优秀运动员代言人的身份在广告中起到推荐、证明的作用，相当于是向消费者发出邀请，消费者购买了产品或服务等于要约的订立，优秀运动员与消费者之间建立起民事合同关系，如果优秀运动员进行了虚假广告代言，将会导致优秀运动员与消费者之间合同关系得以发生变更或终止，因而构成违约，由此将承担违约责任。①

2. 缔约过失责任

优秀运动员广告代言责任是缔约过失责任。理由在于：缔约过失责任是由于先合同义务的违反而产生的责任，是对合同相对性原则的突破。消费者正在购买产品或服务的过程可视为行使个人的缔约权利，如果揭发了优秀运动员对产品或服务的错误荐证或欺骗行为，可向优秀运动员主张自身未能购买产品或服务所造成的费用成本和机会损失等赔偿要求。因此，优秀运动员虚假广告代言有违民法基本的诚信原则，导致

---

① 郭琛. 不实荐证广告的多重赔偿理论分析：以名人代言广告为研究对象 [J]. 理论导刊，2009（9）：90.

消费者的信赖利益落空，人身或财产遭受损失，需承担缔约过失责任。①

3. 侵权责任

优秀运动员广告代言责任实质上是民事侵权责任。理由在于：责任的成立并非以侵权人与被侵权人存在合同关系作为前提条件，而是符合侵权行为的基本要件，即行为、过错、损害事实和因果关系四个要素。②③ 在行为方面，优秀运动员实施了为商品或服务虚假代言的行为。损害事实方面，消费者购买被代言的产品或服务，人身或财产权益遭受了损害。值得注意的是，这里只需证明优秀运动员为该产品或服务代言，而并不完全要求消费者一定是由于信赖优秀运动员的广告代言而购买了该产品或服务。因果关系方面，消费者遭受人身或财产损害与优秀运动员虚假广告代言存在一定的因果关系；主观因素方面，优秀运动员进行虚假代言广告主观上存在一定的过错或过失，就过错而言，存在着与广告主恶意串通的可能，明知是虚假广告仍作推荐、证明；过失方面，可能是代言的产品或服务本身存在瑕疵或缺陷，间接导致消费者利益受损。

综上来看，无论是违约责任还是缔约过失责任的观点，二者都强调责任的性质在于合同责任。广告代言合同的成立的双方当事人是广告主

---

① 周运宝. 名人做虚假广告法律问题研究 [J]. 天津市政法管理干部学院学报，2004 (4)：15.

② 朱体正，冯英飞. 新《广告法》背景下运动员广告代言责任问题研究 [J]. 首都体育学院学报，2017, 29 (1)：19.

③ 苏昊. 运动员虚假广告代言的法律规制：新《广告法》的变革与超越 [J]. 武汉体育学院学报，2018, 52 (11)：47.

和优秀运动员，需要二者达成合意，而消费者与作为代言人的优秀运动员之间无法形成缔约的要件。而且优秀运动员个人代言并不属于要约，也不一定必然引发消费者的购买行为。即使发生购买行为，消费者的缔约方是产品或服务的生产商，而不是与优秀运动员达成合意。优秀运动员的代言行为并不能构成二者之间的合同关系。因此，将优秀运动员虚假广告代言责任定性为合同责任实际上有违合同的相对性原理，即合同权利与义务主要对合同当事人产生约束力，有法律特殊规定的例外。因此，在我国现行法律框架下，将优秀运动员广告代言责任的法律性质定位于合同责任并不妥当。本研究从维护消费者权益的角度出发比较认同侵权责任这一观点，值得注意的是，优秀运动员承担的侵权责任与广告主承担的产品责任需要区分开来。具体而言，即使优秀运动员代言的产品或服务存在缺陷，但其做出了客观的荐证，消费者因此遭受利益损失，优秀运动员担责的可能也微乎其微；反过来，如果商品或服务本身无缺陷，而优秀运动员从事了虚假代言，引发消费者人身或财产利益受损，那么优秀运动员作为代言人需对虚假广告行为所产生的后果承担相应的法律责任。

（三）优秀运动员广告代言的相关责任

1. 民事责任

侵权行为的事实是民事责任承担的重要依据。侵权人承担的民事责任可视为基于其行为的否定性评价，是赔偿义务人依法承担的一种法律上的不利后果。从消费者的权利角度而言，优秀运动员虚假广告代言承担的民事责任，就是对侵害消费者信赖利益的赔偿。

（1）归责原则

归责原则是确定行为人民事责任的理由、标准和依据。要追究优秀运动员作为广告代言人的民事责任，首先必须明确民事侵权责任的归责原则，归责原则从理论上可分为一般归责原则和特殊归责原则。一般归责原则是指过错责任原则，特殊归责原则即无过错责任原则。关于优秀运动员广告代言的民事归责原则，需要结合新《广告法》《消费者权益保护法》等有关法律的立法精神加以领会、推理和论证。

一是过错责任原则。民事赔偿责任一般适用过错归责原则。就优秀运动员广告代言而言，广告主与名人代言人相互串通，形成比较明确的分工，共同误导和欺骗消费者以牟取高额利润。或者是，广告主与明星代言人虽没有提前串通，但名人代言人在明知广告主生产的产品存在缺陷，仍坚持为该产品代言。上述两种情形对于广告代言人来说都属于典型的过错责任。在优秀运动员广告代言实践中，更多的情形是基于广告主的过错与广告代言人过失这一事实，在此情形下更应适用过错原则的特殊原则——过错推定原则。因为过错责任与过错推定责任相比较而言，过错推定显然更能有利于预防和打击虚假广告行为，维护消费者的合法权益。一方面，适用优秀运动员广告代言的过错推定原则，有利于克服消费者因信息不对称、举证困难等问题，而改由广告代言人承担举证责任，实行"举证责任倒置"，有利于保护消费者的合法权益；另一方面，也迫使优秀运动员接代言产品时更加小心谨慎，不敢盲目代言、虚假代言，有利于广告代言市场的净化与规范。如果优秀运动员要证明自己无过错，则需要证明自身已尽到了真实陈述义务、信息披露义务以及负面清单禁止义务，消费者利益受损是基于广告主的产品责任，而非自身的代言责任。

二是无过错责任原则。相比于一般商品或服务，在关乎消费者生命、健康安全的食品、药品等特殊领域，根据新修订的《食品安全法》《药品安全法》《消费者权益保护法》的相关规定，即使优秀运动员本身没有过错，只要虚假广告导致消费者利益损害，作为代言人的优秀运动员就需承担连带赔偿责任，适用无过错责任原则。

（2）连带责任的设置

优秀运动员从事虚假广告代言造成消费者利益受损，根据新《广告法》（2015 年）第 56 条的规定，广告代言人需要与广告主承担连带责任，这是新《广告法》在修订上的一大变化。根据连带责任的法理，消费者作为受害人可以向代言人、广告主、广告经营者、广告发布者中任一或多名对象请求侵权责任赔偿。连带责任的设置，有利于消费者的损失赔偿，而且通过追加代言人承担法律责任的方式，更有利于广告代言市场的净化与规范。优秀运动员连带赔偿责任根源于代言活动的关联性特征。代言人、广告主、广告经营者、广告发布者的共同合作构成了整个代言链条，同时，虚假广告代言侵权也可能是多方共同的不法行为造成的。一方面，如果广告主与优秀运动员提前串谋，对虚假广告行为形成主观上的共同故意，将视为"主观关联"共同侵权行为，双方需承担侵权连带责任；另一方面，如果广告主单方面从事虚假广告，而优秀运动员由于信息不对称等进行了盲目代言，此种情形下应视为主观上的过失，将视为"客观关联"的共同侵权行为，双方同样需承担侵权连带责任。而在上述两种情形之下，无论是优秀运动员主观上的故意或过失，优秀运动员作为代言人都将承担无限连带责任，虽说对消费者权益保障较为有利，但对致害力较小的优秀运动员来说，可能有违公平，实际上也限制了优秀运动员代言行为的自由，不利于广告业及体育产业的发展。在国外经验方面，往往根据虚假代言行为的致害力大小（包括代言人的名气、代言产品种类、广告的覆盖范围等）来划分相对应的连带责任，具体做法是：致害力低于一定比例的代言人，仅承担按份责任；致害力大于一定比例的代言人，则需承担全部责任。因此，根据代言人的致害力大小来划分连带赔偿责任，既具有一定的弹性和张力，更具有可操作性，能够在广告代言人的行为自由与消费者的权益保障之间保持适度平衡，对我国优秀运动员广告代言的法律规制提供了有价值的参考。

2. 行政责任

行政责任是指违反行政法规定的行为实施须承担的法律后果。新《广告法》中首次规定了广告代言人承担的行政责任，归纳起来，包括财产罚、行为罚、资格罚三种类型。

（1）财产罚

新《广告法》第62条，对于广告代言人违反该法有关规定，在医疗、药品、医疗器械、保健食品广告中作推荐、证明的，或为其未使用过的商品或者未接受过的服务作推荐、证明的，或者明知或应知广告虚假仍在广告中对商品、服务作推荐、证明的，由工商行政管理部门没收违法所得，并处违法所得1倍以上2倍以下的罚款。可见，财产罚的内容主要包括没收违法所得和罚款。根据新《广告法》的规定，罚款以违法所得为标准，而违法所得又是依据具体的广告费来确定的。因此，在具体代言实践中，难免出现广告主与代言人相互串通，为逃避巨额罚款而虚构代言费用的情况。根据《民法典》第 146 条，行为人与相对人以虚假的意思表示实施的民事行为无效。这表明可以根据广告主与优秀运动员实际约定的代言费用来进行相应的行政处罚。

（2）行为罚

行为罚是指由行政机关责令停止发布虚假广告，并在相关范围内消除虚假广告的影响。根据新《广告法》第 58 条 10～11 款，可对进行虚假广告的优秀运动员设置停止代言的不作为义务和消除影响的作为义务，以减少消费者的信赖利益损失，进一步规范广告代言市场秩序。

（3）资格罚

优秀运动员虚假广告代言行政责任除了财产罚和行为罚之外，还隐含了对代言人的资格处罚责任。新《广告法》第 38 条第 3 款，对在虚假广告中作推荐、证明受到行政处罚未满三年的自然人、法人或者其他组织，不得利用其作为广告代言人。实际上，资格罚比财产罚和行为罚更为严厉，因为 3 年的代言禁令使得优秀运动员的曝光率下降，受众锐减，商业价值会大幅滑坡，因此，此种方式是对其虚假广告代言最为严厉的处罚。就行政处罚与民事赔偿的关系而言，虽然同是对消费者信赖的保护机制，但二者在出发点、救济手段方面存在着差异。主要体现在：行政处罚的主要目的不仅以恢复健康、有序的优秀运动员广告代言市场为出发点，更是提供了事前的预防机制；而民事赔偿主要以弥补消费者利益损失为最终目的，属于事后救济机制；此外，行政处罚属于间接的救济手段，而民事赔偿则是直接的救济手段。

3. 刑事责任

针对虚假广告行为，仅用民事赔偿、行政手段予以规制的威慑力远远不够。我国《食品安全法》第 149 条，违反本法规定，构成犯罪的，依法追究刑事责任。这为虚假广告代言的刑事规制提供了可能。其实，此条并非专门针对虚假广告代言而设，而且扩及其他领域追责的难度较大；此外，这一规定也比较笼统，缺乏具体的定罪量刑标准，在实践中操作性不明确。具体而言，一是在主体要件方面。根据罪刑法定原则，"虚假广告罪"对犯罪主体的界定很难将广告代言人纳入其调整范围，规制的对象过于狭隘。二是在主观要件方面。刑事制裁在主观方面一般是故意，即只有广告代言人与广告主、广告经营者、广告发布者在具备共同故意的情形下才追究其刑事责任。此种情形下，可能构成我国《刑法》上的"共同犯罪"。根据《刑法》第 25 条，共同犯罪是指二人以上共同故意犯罪。三是在客观要件方面。优秀运动员作为广告代言人非法获利数额巨大，达到刑事案件的立案标准；或利用其知名度和社会影响力造成了情节特别严重的后果，比如导致消费者生命健康的严重损害、财产利益的重大损失、市场秩序的严重混乱时方能启动最为严厉的刑事处罚。①

四、推进消费者公益诉讼制度

公益诉讼是指为维护社会公共利益而提起的民事诉讼活动。2022年 10 月，党的二十大报告明确提出"完善公益诉讼制度"，该条为优秀运动员广告代言的治理提供了政策支持与方向指引。优秀运动员违法、违规、虚假广告代言问题不仅导致消费者个人利益受损，更是对社

---

① 苏昊. 运动员虚假广告代言的法律规制：新《广告法》的变革与超越［J］. 武汉体育学院学报，2018，52（11）：47-49.

会公共利益的侵害，有必要通过社会力量加以整治。公益诉讼制度就是集聚社会力量维权的体现。优秀运动员虚假广告代言侵害的是不特定消费者的利益，也是对社会公共利益的破坏。消费者公益诉讼是打击和遏制不法经营行为的重要武器和维护众多不特定消费者合法权益和社会公共利益的有效途径。2012 年修订的《民事诉讼法》第 55 条，对侵害众多消费者合法权益等损害社会公共利益的行为，可向法院提起诉讼。2014 年修订的《消费者权益保护法》首次以立法形式确立了消费者协会组织（省级以上）享有提起公益诉讼的权利，即代表人诉讼制度。2016 年《关于审理消费民事公益诉讼案件适用法律若干问题的解释》为民事公益诉讼的落实进一步奠定基础。

加快建立消费者公益诉讼制度，可从拓宽消费公益诉讼原告主体范围，完善消费者公益性法律援助制度，以及加强对公益诉讼审判指导，破解公益诉讼司法实践难题等方面具体推进，从而更好地发挥公益诉讼法律制度在维护消费者合法权益和社会公共利益上的积极作用。①

---

① 张磊 . 完善消费公益诉讼，为维护消费者权益保驾护航［EB/OL］. 中国法院网，2018-03-15.

参考文献

一、中文著作

[1] 鲍明晓. 体育产业：新的经济增长点 [M]. 北京：人民体育出版社，2000.

[2] 鲍明晓. 中国职业体育评述 [M]. 北京：人民体育出版社，2010.

[3] 程啸. 侵权责任法 [M]. 北京：法制出版社，2015.

[4] 辞海编委会. 辞海 [M]. 上海：上海辞书出版社，1999.

[5] 董小龙，郭春玲. 体育法学 [M]. 北京：法律出版社，2006.

[6] 范健，王建文. 商法的价值、源流及本体：第二版 [M]. 北京：中国人民大学出版社，2007.

[7] 冯子标. 人力资本运营论 [M]. 北京：经济科学出版社，2000.

[8] 郭道晖. 社会权力与公民社会 [M]. 南京：译林出版社，2009.

[9] 郭树理. 外国体育法律制度专题研究 [M]. 武汉：武汉大学出版社，2008.

[10] 韩勇. 体育法的理论与实践 [M]. 北京：北京体育大学出版社，2009.

[11] 韩勇.体育与法律:体育纠纷案例评析:二[M].北京:人民体育出版社,2017.

[12] 韩勇.体育与法律:体育纠纷案例评析:一[M].北京:人民体育出版社,2006.

[13] 赫忠慧.比较体育研究[M].北京:北京大学出版社,2015.

[14] 黄世席.欧洲体育法研究[M].武汉:武汉大学出版社,2010.

[15] 江平.民法学[M].北京:中国政法大学出版社,2000.

[16] 姜熙,谭小勇,向会英.职业体育反垄断理论研究[M].北京:法制出版社,2015.

[17] 蒋恩铭.广告法律制度[M].南京:南京大学出版社,2007.

[18] 靳英华.体育经济学[M].北京:高等教育出版社,2011.

[19] 李德顺.价值论:一种主体性的研究[M].北京:中国人民大学出版社,2013.

[20] 李建民.人力资本通论[M].上海:上海三联书店,1999.

[21] 李建设,李亚蔚.体育经纪:理论研究与实践探论[M].北京:北京体育大学出版社,2005.

[22] 李明德.美国知识产权法[M].北京:法制出版社,2014.

[23] 李娜.独自上场[M].北京:中信出版社,2012.

[24] 李双元.国际法比较法论丛:第6辑[M].北京:中国方正出版社,2003.

[25] 梁上上.利益衡量论[M].北京:法律出版社,2013.

[26] 梁晓龙,鲍明晓,张林.举国体制[M].北京:人民体育出版社,2006.

[27] 刘凡,刘允斌.产权经济学[M].武汉:湖北人民出版

社，2002.

　　[28] 刘举科，陈华荣. 体育法学 [M]. 桂林：广西师范大学出版社，2014.

　　[29] 吕蓉. 广告法规管理 [M]. 上海：复旦大学出版社，2003.

　　[30] E. 博登海默. 法理学：法律哲学与法律方法 [M]. 邓正来，译. 北京：中国法制出版社，2011.

　　[31] 丹尼尔·J. 布鲁顿. 体育营销 [M]. 史丹丹，译. 北京：清华大学出版社，2017.

　　[32] 罗纳德·H. 科斯. 企业、市场与法律 [M]. 盛洪，陈郁，译. 上海：上海人民出版社，2016.

　　[33] 罗纳德·哈里·科斯. 变革中国：市场经济的中国之路 [M]. 王宁著，徐尧，李哲民，译. 北京：中信出版社，2016.

　　[34] 马克·普里查德，杰弗里·斯廷森. 商业体育的品牌打造 [M]. 谌莉，译. 北京：清华大学出版社，2017.

　　[35] 乔治·维加雷洛. 从古老的游戏到体育表演 [M]. 乔咪加，译. 北京：中国人民大学出版社，2007.

　　[36] 斯蒂文·萨维尔. 法律的经济分析 [M]. 柯华庆，译. 北京：中国政法大学出版社，2009.

　　[37] 倪崐. 中外广告法规与管理 [M]. 上海：上海人民美术出版社，2016.

　　[38] 裴洋. 反垄断法视野下的体育产业 [M]. 武汉：武汉大学出版社，2009.

　　[39] 钱弘道. 英美法讲座 [M]. 北京：清华大学出版社，2004.

　　[40] 宋亨国. 我国非政府体育自治的法学研究 [M]. 北京：科学

出版社，2018.

［41］苏东水．产业经济学［M］．北京：高等教育出版社，2015.

［42］苏号朋，赵双艳．体育法案例评析［M］．北京：对外经济贸易大学出版社，2010.

［43］孙良国．关系契约理论导论［M］．北京：科学出版社，2008.

［44］王彪，任凤珍．产权交易［M］．北京：中国财政经济出版社，2004.

［45］王海涛．新制度经济学概论［M］．沈阳：东北大学出版社，2009.

［46］魏建，周林彬．法经济学：第二版［M］．北京：中国人民大学出版社，2017.

［47］吴易风，关雪凌．产权理论与实践［M］．北京：中国人民大学出版社，2010.

［48］肖金明，黄世席．体育法评论：第一卷［M］．济南：山东大学出版社，2008.

［49］杨晓生，程绍同．体育赞助导论［M］．北京：高等教育出版社，2004.

［50］意大利民法典［M］．费安玲，丁玫，译．北京：中国政法大学出版社，1997.

［51］于善旭．我国体育无形资产法律保护的研究［M］．北京：北京体育大学出版社，2009.

［52］俞可平．治理与善治［M］．北京：社会科学文献出版社，2000.

［53］曾繁正．西方国家法律制度社会政策及立法［M］．北京：红旗出版社，1998.

[54] 曾来海，顾理平．新媒体概论 [M]．南京：南京师范大学出版社，2015.

[55] 张恩利，刘新民．我国运动员职业发展权利劳动法保护研究 [M]．北京：人民体育出版社，2019.

[56] 张民安．民商法学家：第 6 卷 [M]．广州：中山大学出版社，2010.

[57] 张文贤．人力资本 [M]．成都：四川人民出版社，2008.

[58] 张新宝．互联网上的侵权问题研究 [M]．北京：中国人民大学出版社，2003.

[59] 张玉超．中国体育知识产权保护制度研究 [M]．北京：知识产权出版社，2012.

[60] 郑成思．知识产权法 [M]．北京：法制出版社，2005.

[61] 中国大百科全书：法学卷 [M]．北京：中国大百科全书出版社，1984.

[62] 钟天朗．体育经营管理：理论与务实 [M]．上海：复旦大学出版社，2014.

[63] 周爱光．体育法学导论 [M]．北京：高等教育出版社，2012.

[64] 周爱光．体育法学概论 [M]．北京：高等教育出版社，2015.

[65] 周永坤．法理学：第 3 版 [M]．北京：法律出版社，2010.

[66] 周佑勇．行政法学 [M]．武汉：武汉大学出版社，2009.

二、中文期刊

[1] 鲍明晓．关于体育无形资产的几个理论问题 [J]．北京体育大

学学报，1998，21（4）.

[2] 曹颐，徐广. 论冰桶挑战赛 [J]. 体育文化导刊，2014（12）.

[3] 柴王军，汤卫东. 我国运动员无形资产的内容及法律保护现状探析 [J]. 成都体育学院学报，2008，34（9）.

[4] 常娟，伍施蓉，李艳翎. 我国专业运动员成绩资本产权的权能特征 [J]. 武汉体育学院学报，2012，46（11）.

[5] 陈德林. 生于娱乐 死于庸俗：体育娱乐化的理性思考 [J]. 体育文化导刊，2007（10）.

[6] 崔汪卫. 论我国体育名人姓名注册商标的法律保护 [J]. 武汉体育学院学报，2014，48（9）.

[7] 邓春林. 运动员商业活动的制度空间 [J]. 体育学刊，2009，16（8）.

[8] 董双全. 体育赞助冲突的法律解读：以宁泽涛事件为例 [J]. 体育成人教育学刊，2017，33（1）.

[9] 杜梦瑶，刘希佳. 运动员人格权商品化的法律保护研究 [J]. 河北体育学院学报，2019，33（3）.

[10] 段荣芳. 运动员肖像权保护的法律分析：从个案引申出来的法律问题谈起 [J]. 体育与科学，2006（4）.

[11] 方千华. 论我国体育明星广告的兴起及发展对策 [J]. 体育科学，2002，22（2）.

[12] 冯晓丽，肖志峰. 运动员姓名权及其法律救济研究 [J]. 成都体育学院学报，2010，36（12）.

[13] 龚成秋，张军献，钟建伟，等. 运动员商业开发利益归属探析：人格权标识上固有利益的法学视角 [J]. 体育成人教育学刊，

2014, 30 (2).

[14] 顾才铭. 现行体制下体育明星无形资产的产权归属及善治路径 [J]. 上海体育学院学报, 2014, 38 (2).

[15] 郭春玲, 丁军. 我国运动员商业活动中的合同适用 [J]. 山东体育学院学报, 2007 (6).

[16] 郭发产. "集体肖像权" 的法律问题: 析姚明与可口可乐公司肖像权纠纷案 [J]. 法学, 2003 (6).

[17] 韩孹男. 体育明星姓名权在商标注册领域的保护 [J]. 中华商标, 2019 (5).

[18] 韩勇. 美国四大联盟职业球员合同及其相关制度研究 [J]. 体育学刊, 2013, 20 (4).

[19] 郝家春, 张志佳. 中国体育明星社会责任解析 [J]. 首都体育学院学报, 2009, 21 (3).

[20] 何睿. 体育图书明星效应初探 [J]. 出版发行研究, 2015 (9).

[21] 何文多, 龙秋生. 中美体育慈善现状的比较研究 [J]. 广州体育学院学报, 2014, 34 (1).

[22] 贺业志. 国内体育明星图书出版的冷思考 [J]. 出版广角, 2018 (3).

[23] 胡宣, 覃雪梅, 史曙生. 我国运动员商业代言问题研究 [J]. 体育文化导刊, 2019 (9).

[24] 黄辉明. 利益法学的源流及其意义 [J]. 云南社会科学, 2007 (6).

[25] 黄启龙, 邓星华. "体育明星" 符号资本的生成逻辑与累积

路径 [J]. 体育学刊，2019，26（1）.

[26] 黄学贤. 特别权力关系理论研究与实践发展 [J]. 苏州大学学报（哲学社会科学版），2019（5）.

[27] 黄延春. 我国体育明星价值嬗变审视 [J]. 体育文化导刊，2012（2）.

[28] 贾明学，桑国强. 论体育明星广告的传播原理与策划原则 [J]. 山东体育科技，2005，27（2）.

[29] 黎蓁. 体育明星形象营销与新浪微博管理 [J]. 体育文化导刊，2013（8）.

[30] 李海，万茹. 运动员人力资本产权的本质与特征 [J]. 北京体育大学学报，2007（7）.

[31] 李江，李金宝. 运动员形象权的确立、实质及其争议焦点 [J]. 体育与科学，2017，38（6）.

[32] 李蓉蓉，刘新民. 我国竞技体育明星广告代言中存在问题剖析 [J]. 西安体育学院学报，2010，27（3）.

[33] 李艳翎，常娟. 我国体育明星无形资产开发的理论初探 [J]. 北京体育大学学报，2007，30（11）.

[34] 李智. 修法背景下我国独立体育仲裁制度的设立 [J]. 法学，2022，483（2）.

[35] 李舟，高扬. 体育明星广告代言商业价值探讨 [J]. 体育文化导刊，2011（10）.

[36] 梁林. 对我国体育明星商业价值的开发探析 [J]. 山东体育学院学报，2010，26（1）.

[37] 林琼. 比较法视野下刍议我国体育明星商业活动之困境：从

孙杨"被代言"事件谈起 [J].武汉体育学院学报，2013，47（3）.

[38] 林晞.我国运动员人力资本产权归属解构 [J].首都体育学院学报，2011，23（1）：27-29.

[39] 刘凯湘.商事行为理论在商法中的意义与规则建构 [J].法治研究，2020（3）.

[40] 刘平."田亮问题"研究 [J].沈阳体育学院学报，2008（1）.

[41] 刘苏，王湧涛.论运动员形象权法律保护 [J].体育文化导刊，2009（2）.

[42] 刘兴，马小华.知名运动员商事人格权的法律保护 [J].山东体育科技，2013，35（3）.

[43] 刘泽玉，杜以同.运动员形象权研究 [J].山东体育学院学报，2015，31（1）.

[44] 刘中刚.运动员代言风险管理研究 [J].首都体育学院学报，2013，25（2）.

[45] 刘作翔.权利冲突的几个理论问题 [J].中国法学，2002（2）.

[46] 柳春梅，于善旭.运动成绩是否具有产权的法学探究 [J].武汉体育学院学报，2014，48（6）.

[47] 陆歆弘.竞技体育的商业价值及其评价 [J].上海体育学院学报，2005，29（6）.

[48] 马宏俊.试论我国体育法律体系的建立与完善 [J].体育科学，2021，41（1）.

[49] 孟祥沛.对姓名所蕴含商业利益的保护 [J].苏州大学学报

（哲学社会科学版），2015，36（6）.

［50］牛淑敏.我国运动员无形资产保护研究：运动员人格标识商业利用法律研究［J］.中国体育科技，2003（4）.

［51］钱思雯.体育人才协议中的道德条款研究：兼论道德条款义务与运动员权利的协调［J］.体育学刊，2020，27（1）.

［52］沈玢.体育品牌保护：论美国商标法的立法视角与司法实践［J］.武汉体育学院学报，2020，54（3）.

［53］宋萍.论运动员形象权和人格权保护的协调［J］.山东体育学院学报，2011，27（3）.

［54］苏昊.运动员虚假广告代言的法律规制：新《广告法》的变革与超越［J］.武汉体育学院学报，2018，52（11）.

［55］邻峰，CHI JIAN.转型时期我国竞技运动员人力资本产权界定与权能分割的研究［J］.北京体育大学学报，2016，39（4）.

［56］童立雪.体育商标跨国法律保护比较研究［J］.武汉体育学院学报，2016，50（6）.

［57］汪际慧.体育明星商业价值评估框架理论构建［J］.北京体育大学学报，2009，32（12）.

［58］王飞，王晓东，崔汪卫.借鉴国外经验探讨我国运动员形象权保护的困境与出路［J］.河北体育学院学报，2020（6）.

［59］王飞，周爱光.我国体育明星商业开发中权利与权力的冲突与平衡［J］.体育学刊，2022，29（2）.

［60］王加新.体育明星价值的社会学审视［J］.体育文化导刊，2006，（7）.

［61］王利明.论人格权商品化［J］.法律科学，2013（4）.

[62] 王龙，刘一民. 试析我国运动员商业行为 [J]. 军事体育进修学院学报，2006，25（1）.

[63] 王茜，王家宏. "计划型"和"融合型"运动员人力资本产权配置的法学探析 [J]. 体育学刊，2019，26（2）.

[64] 王茜，王家宏. "融合型"运动员人力资本产权归属配置问题的法律研究 [J]. 体育科学，2019，39（1）.

[65] 王瑞，张杨. 我国竞技体育明星广告代言收入归属与分配问题研究 [J]. 河北体育学院学报，2017，31（4）.

[66] 王延川. 商事行为类型化及多元立法模式 [J]. 当代法学，2011，148（4）.

[67] 王永荣，沈芝萍，沈建敏，等. 中国职业体育制度的形成及其运动员人力资本产权制度安排的合法性 [J]. 天津体育学院学报，2009，24（4）.

[68] 温洪泽. 我国高水平竞技运动员人格权的法律保护 [J]. 吉林体育学院学报，2011，27（6）.

[69] 吴真文，伍施蓉，李艳翎. 成绩资本产权的主要现实表现形式及法律思考 [J]. 武汉体育学院学报，2013，47（11）.

[70] 肖谋文，余学好. 现代消费文化背景下体育明星广告论纲 [J]. 体育与科学，2012，33（4）.

[71] 谢亚龙. 金牌的产权究竟归谁 [J]. 体育文化导刊，2005（3）.

[72] 徐志军，周玲. 奥运会运动员肖像使用规则评析 [J]. 政法论坛，2007，25（3）.

[73] 闫建华. 我国运动员无形资产开发法律实务研究 [J]. 体育

文化导刊，2014（3）.

［74］杨年松. 职业竞技体育产权效率与制度创新［J］. 广州体育学院学报，2006（2）.

［75］杨茜，邓春林. 运动员人力资本的产权界定［J］. 天津体育学院学报，2008（5）.

［76］杨茜，凌丽平，邓春林. 运动员代言广告的帕累托改进与合同管理［J］. 天津体育学院学报，2011，26（4）.

［77］杨茜. 肖像权、无形资产所有权与债权：论运动员无形资产开发中的权利［J］. 天津体育学院学报，2006（5）.

［78］杨文运，林萍. 体育明星价值分析［J］. 体育文化导刊，2008（4）.

［79］叶林. 商行为的性质［J］. 清华法学，2008，2（4）.

［80］于娜. 体育明星商业价值评估六要点［J］. 市场观察，2010（3）.

［81］于勇，焦博涵，张天霞. 中美体育明星无形资产开发比较研究［J］. 吉林体育学院学报，2010，26（4）.

［82］俞文扬. 关于体育明星代言人负面信息的风险管理［J］. 上海保险，2017（12）.

［83］曾静平. 商业体育的理论构想与实践求证［J］. 天津体育学院学报，2013，28（2）.

［84］张恩利，董晓龙. 美国运动员商业活动发展现状评析［J］. 体育学刊，2009，16（11）.

［85］张贵敏. 我国运动员成绩的产权界定［J］. 体育科学，2000，20（3）.

[86] 张祺.浅析明星价值评估 [J].民族音乐（评论），2012（2）.

[87] 张伟君，许超.迈克尔·乔丹起诉乔丹体育公司侵犯姓名权一案的法律评析 [J].电子知识产权，2012（3）.

[88] 张文桥，李兵.我国体育明星无形人力资本开发策略研究 [J].山东体育学院学报，2014，30（3）.

[89] 张文闻，吴义华.程序正义与权利保障：国际体育组织处罚权行使的原则及实现机制 [J].上海体育学院学报，2018（3）.

[90] 张晓静.商业赛事运动员退赛行为的法律分析 [J].西安体育学院学报，2009，26（4）.

[91] 张志伟.现阶段运动员形象商业开发和利益分配制度的完善 [J].西安体育学院学报，2019，36（1）.

[92] 赵旭东.商法的困惑与思考 [J].政法论坛，2002，20（1）.

[93] 赵毅.体育新型商事交易中的法律问题 [J].广西大学学报（哲学社会科学版），2016，38（2）.

[94] 郑骋.体育明星泛娱乐化的赞助风险及其应对 [J].体育学刊，2018，25（3）.

[95] 周爱光.法哲学视野中的体育法概念 [J].体育科学，2010，30（6）.

[96] 周爱光，沈蔚瑜.日本体育法的修订对我国体育法修订的启示 [J].体育学刊，2022，29（1）.

[97] 周爱光.体育法学概念的再认识 [J].体育学刊，2015，22（2）.

[98] 周俊辉，周勇，韩骏.体育明星广告说服机制与影响效果的

关联性研究 [J]. 天津体育学院学报, 2014, 29 (6).

[99] 周泽鸿, 李琳, 漆亮. 美国运动员慈善行为及其启示 [J]. 体育文化导刊, 2015 (6).

[100] 周召勇, 万小丽. 国家运动员肖像权的法律探析: 刘翔肖像权案引起的法律思考 [J]. 天津体育学院学报, 2005 (5).

[101] 朱体正, 冯英飞. 新《广告法》背景下运动员广告代言责任问题研究 [J]. 首都体育学院学报, 2017, 29 (1).

[102] 邹月辉, 丁金娜, 孝飞燕. 我国运动员形象权商业价值开发研究 [J]. 体育文化导刊, 2018 (6).

三、中文学位论文

[1] 陈书睿. 体育明星权利的法学研究 [D]. 上海: 上海体育学院, 2012.

[2] 杜艳晶. 我国知名运动员肖像权侵权认定的法律研究 [D]. 福州: 福州大学, 2018.

[3] 范存生. 转型期体育人力资本产权制度创新研究 [D]. 大连: 辽宁大学, 2007.

[4] 高升. 利益冲突视角下体育纠纷及其解决机制 [D]. 南京: 南京师范大学, 2015.

[5] 解瑞婷. 体育领域肖像权保护研究 [D]. 石家庄: 河北师范大学, 2011.

[6] 兰薇. 体育发展权研究 [D]. 武汉: 武汉大学, 2012.

[7] 李刚. 我国运动员竞技能力物质利益归属问题研究 [D]. 上

海：上海社会科学院，2006.

[8] 李慧. 我国知名运动员人格权保护与限制问题研究 [D]. 泉州：华侨大学，2006.

[9] 李思. 英国运动员职业发展顾问制度探析 [D]. 北京：北京体育大学，2010.

[10] 刘洁. 基于商业视角演艺明星个人品牌价值评估研究 [D]. 昆明：云南大学，2016.

[11] 马法超. 体育相关无形财产权问题研究 [D]. 北京：北京体育大学，2007.

[12] 王茜. "融合型"运动员人力资本产权归属配置的法律研究 [D]. 苏州：苏州大学，2019.

[13] 卫虹霞. 运动员在商业活动中的法律问题研究：以运动员人格权商业利用为中心 [D]. 上海：复旦大学，2006.

[14] 吴义华. 美国职业体育劳资合同的法学研究 [D]. 广州：华南师范大学，2019.

[15] 许科. 我国运动员形象权法律保护研究 [D]. 福州：福建师范大学，2006.

[16] 闫路波. 我国运动员肖像权的法律问题研究 [D]. 南京：南京师范大学，2017.

[17] 余能管. 中国体育明星商业价值开发问题研究 [D]. 南昌：江西财经大学，2017.

[18] 张程. 体育明星的微博营销策略研究 [D]. 太原：山西大学，2018.

四、外文期刊

[1] AHN K. The Influence of Star Brand Image-Consumer Self Congruence and Star Attributes on Love for Star Brand and Consumer Happiness - Based on Sports Star Brand [J]. The Korean Journal of Advertising, 2017 (4).

[2] ATKIN C, BLOCK M. Effectiveness of Celebrity Endorsers [J]. Journal of Advertising Research, 2016, 23 (3).

[3] AYRANCI Z B. Right of Publicity of Athletes in the United States and Europe. [J]. Entertainment & Sports Lawyer, 2017, 33 (3).

[4] BOYES S. Legal protection of athletes' image rights in the United Kingdom [J]. International Sports Law Journal, 2015 (5).

[5] BRAUNSTEIN J R, ZHANG J J. Dimensions of Athletic Star Power Associated With Generation Y Sports Consumption [J]. International Journal of Sports Marketing and Sponsorship, 2005 (6).

[6] BRISON N T, BAKER T A, BYON K K. Tweets and Crumpets: Examining U. K. and U. S. Regulation of Athlete Endorsements and Social Media Marketing [J]. Journal of Legal Aspects of Sports, 2013, 23 (4).

[7] CLANTON G. The Sport Star: Modern Sport and the Cultural Economy of Sporting Celebrity [J]. Contemporary Sociology, 2007, 20 (3).

[8] CORK B C, EDDY T. The Retweet as a Function of Electronic Word-of-Mouth Marketing: A Study of Athlete Endorsement Activity on Twitter. [J]. International Journal of Sport Communication, 2017, 10 (4).

[9] FALK D B. The Art of Contract Negotiation [J]. Marquette Sports Law Review, 2012, 28 (1).

[10] FERNANDO M, TIMOTHY D. Morals? Who Cares About Morals? [J]. Seton Hall Journal of Sports and Entertain Law, 2019, 19 (1).

[11] FETTER H D. From Flood to Free Agency: The Messersmith-Mc-nally Arbitration Reconsidered [J]. Albany Government Law Review, 2012 (5).

[12] FIZEL J, MCNEIL C R, SMABY T. Athlete Endorsement Con-tracts: The Impact of Conventional Stars [J]. International Advertisement Economy Res, 2008, 14 (1).

[13] GEERAERT A. New EU Governance Models in Professional Sport: Enhancing Throughout Legitimacy [J]. Journal of Contemporary Eu-ropean Research, 2014 (10).

[14] HOFFMAN K A. Flipping and Spinning into Labor Regulations: Analyzing the Need and Mechanisms for Protecting Elite Child Gymnasts and Figure Skaters [J]. Marquette Sports Law Review, 2015, 25 (5).

[15] JESSOP B. The Dynamics of Partnership and Governance Failure [J]. International Review for the Sociology of Sport, 2011, 10 (1).

[16] JOWDY E, MCDONALD M. Tara Nott Case Study: Celebrity En-dorsements and Image Matching [J]. Sport Marketing Quarterly, 2002, 11 (2).

[17] KERIKMÄE T. EU Charter: Its Nature, Innovative Character, and Horizontal Effect [J]. Journal of Sports and Entertainment Law, 2014 (7).

[18] KOO G, QUARTERMAN J, FLYNN L. Effect of Perceived Sport Event and Sponsor Image Fit on Consumers'cognition, Affect and Behavioral Intentions [J]. Sport Marketing Quarterly, 2006, 15 (2).

[19] KORZYNSKI P, PANIAGUA J. Score a tweet and post a goal: Social media recipes for sports stars [J]. Business Horizons, 2016, 59 (3).

[20] KRESSLER N B. Using the Morals Clause in Talent Agreements: A Historical, Legal and Pratical Guide [J]. Columbia Journal of Law and Arts, 2006, 29 (2).

[21] MARTIN K C. Embedding the Human Rights of Players in World Sport [J]. Journal of Sports and Entertainment Law, 2017, 27 (2).

[22] MCDONALD P. Star Studies [J]. The Journal of Economic Perspectives, 2001 (5).

[23] MCKELVEY S, James K. This Tweet Sponsored by: The Application of the New FTC Guides to the Social Media World of Professional Athletes [J]. Virginia Sports and Entertainment Law Journal, 2011, 11 (2).

[24] MERRY S E. Legal Pluralism [J]. Law and Society Review, 1988, 22 (5).

[25] Meyers M. Utilizing Alternative Dispute Resolution to Foster Comprehensive Traumatic Brain Injury Research [J]. Cardozo Journal of Conflict Resolution, 2017, 18 (3).

[26] MICIACK A R, SHANKLIN W L. Choosing Celebrity Endorser [J]. Marketing Management, 1994 (3).

[27] MIRSAFIAN H. Legal Duties and Legal Liabilities of Coaches to-

ward Athletes [J]. Marquette Law Scholarly Commons, 2008, 26 (1).

[28] MITTEN M J. Athlete Eligibility Requirements and Legal Protection of Sports Participation Opportunities [J]. Marquette Law Scholarly Commons, 2018 (8).

[29] MONDELLI M. The Roger Goodell Standard: Is Commissioner Authority Good for Sports [J]. Seton Hall Legislative Journal, 2017, 42 (1).

[30] MONHAIT J. Baseball Arbitration: An ADR Success [J]. Harvard Journal of Sports and Entertainment Law, 2013 (4).

[31] MULLINEAUX T. The Latest NFL Fumble: Using Its Commissioner as the Sole Arbitrator [J]. Journal of Dispute Resolution, 2016 (1).

[32] PANNETT D. Collective Bargaining in Sport: Challenges and Benefits [J]. UCL Journal of Law Jurisprudence, 2015 (4).

[33] PAPALOUKAS M. Sports Image Rights In Greece [J]. International Sports Law Review, 2015 (11).

[34] PARLOW M. Issues Players Face with the Collective Bargaining Process [J]. Depaul Journal of Sports Law & Contemporary Problems, 2012, 23 (2).

[35] PEETZ T B, PARKS J B, SPENCER N E. Sport Heroes as Sport Product Endorsers: The Role of Gender in The Transfer of Meaning Process for Selected Undergraduate Students [J]. Social Marketing Quarterly, 2004 (3).

[36] PHILLPOTS L, GRIX J. A case study of County Sports Partner-

ships in the UK-unpacking the paradox [J]. International Review for the Sociology of Sport, 2010, 46 (3).

[37] RASCHER D, EDDY T, HYUN G. What Drives Endorsement Earnings for Superstar Athletes [J]. Journal of Applied Sport Management, 2017, 9 (2).

[38] SATO N, GENOVA J. Protection of Image Rights in the Prospect of the Growing Chinese Super League [J]. Entertainment & Sports Lawyer, 2016, 32 (1).

[39] SMART B. The Sport Star: Modern Sport and the Cultural Economy of Sporting Celebrity [J]. Contemprorary Sociology, 2005, 36 (2).

[40] SOUTHALL R M, KARCHER R T. Distributive injustice: an ethical analysis of the NCAA's "collegiate model of athletics" and its jurisprudence [J]. International Sports Law Journal, 2016, 15 (1).

[41] STECKLER A. Time to Pay College Athletes: Why the O'Bannon Decision Makes Pay-for-Play Ripe for Mediation [J]. Marquette Sports Law Review, 2016, 17 (4).

[42] STEPHEN F. Player Restraints and Competition Law Throughout the World [J]. Marquette Sports Law Review, 2004, 15 (5).

[43] THORPE D. Athlete persona as subjective knowledge under the common law restraint of trade doctrine [J]. International Sports Law Journal, 2013, 13 (2).

[44] TIAGO T, TIAGO F, FARIA S D. Who is the better player? Off-field battle on Facebook and Twitter [J]. Business Horizons, 2016, 59 (5).

［45］TULLE E. Living By Numbers：Media Representations of Sports Stars'Careers ［J］. International Review for The Sociology of Sport，2016，51（4）.

［46］TURCO A，KAPUR A. Ontario Court Upholds That Professional Hockey Player Did Not Breach Morals Clause in Endorsement Contract ［J］. The Licensing Journal，2018（4）.

［47］VAN BOTTENBURG M. Why are the EU and American sports worlds so different？［J］. Sports and Entertainment Law Journal，2015，33（10）.